Cristianismo

Dados Internacionais de Catalogação na Publicação (CIP)
(Câmara Brasileira do Livro, SP, Brasil)

Boff, Leonardo
    Cristianismo : o mínimo do mínimo / Leonardo Boff. 2. ed.–
Petrópolis, RJ : Vozes, 2013.

    Bibliografia.
    ISBN 978-85-326-4273-8

    1. Cristianismo 2. Cristianismo – História 3. Espiritualidade
4. Igreja – História 5. Jesus Cristo – Pessoa e missão 6. Mistério
7. Reino de Deus 8. Santíssima Trindade I. Título.

11-11338   CDD-270

Índices para catálogo sistemático:
1. Cristianismo : História   270

LEONARDO BOFF

Cristianismo

O mínimo do mínimo

Petrópolis

© by Animus/Anima Produções Ltda.
Caixa Postal 92.144 – Itaipava
25741-970 – Petrópolis, RJ
www.leonardoboff.com

Direitos de publicação em língua portuguesa:
2011, Editora Vozes Ltda.
Rua Frei Luís, 100
25689-900 Petrópolis, RJ
Internet: http://www.vozes.com.br
Brasil

Assessoria Jurídica e Agenciamento Literário:
Cristiano Monteiro de Miranda
(21) 9385-5335
cristianomiranda@leonardoboff.com

Todos os direitos reservados. Nenhuma parte desta obra poderá ser
reproduzida ou transmitida por qualquer forma e/ou quaisquer meios
(eletrônico ou mecânico, incluindo fotocópia e gravação) ou arquivada em
qualquer sistema ou banco de dados sem permissão escrita da editora.

Diretor editorial
Frei Antônio Moser

Editores
Aline dos Santos Carneiro
José Maria da Silva
Lídio Peretti
Marilac Loraine Oleniki

Secretário executivo
João Batista Kreuch

Editoração: Fernando Sergio Olivetti da Rocha
Projeto gráfico: Sheilandre Desenv. Gráfico
Capa: Adriana Miranda

ISBN 978-85-326-4273-8

Editado conforme o novo acordo ortográfico.

Este livro foi composto e impresso pela Editora Vozes Ltda.

A meu pai Mansueto pelos seus cem anos de nascimento,
para quem o Evangelho era vida,
e a vida serviço aos outros, aos mais pobres.

A todos aqueles que, com fé ou sem fé,
deixam-se fascinar pela figura de Jesus
e veem nele um "tesouro escondido no campo" (Mt 13,44).

Sumário

Introdução, 9

1. Cristianismo e Mistério, 13

2. Cristianismo e as eras da Santíssima Trindade, 59

3. Cristianismo e Jesus, 79

4. Cristianismo e história, 147

Conclusão – *Et tunc erit finis* (tudo está consumado), 187

Indicação de leitura, 195

Índice, 197

Livros de Leonardo Boff, 201

Introdução

Pode-se dizer em poucas palavras o que seja e o que pretende o cristianismo? Em seus mais de dois mil anos de história o cristianismo se sofisticou enormemente com doutrinas, sistemas teológicos, códigos éticos, rituais e celebrações, determinações canônicas e hierárquicas.

O simples cristão e mesmo a comunidade teológica se defrontam com especial dificuldade quando se trata de identificar um fio condutor que ligue e religue coerentemente os principais dados de fé e estabelecer uma hierarquia nas verdades.

Depois de 50 anos de ocupação continuada e intensiva com a reflexão teológica, ouso tentar, como se fora um canto de cisne, expressar o mínimo do mínimo ou identificar o máximo do mínimo do cristianismo para que possa ser compreendido por pessoas que mostrem algum fascínio e interesse pela mensagem cristã.

Procurarei articular meu discurso dentro da visão contemporânea do mundo como nos é apresentada pelas ciências da vida e da Terra. É a compreensão do cosmos em evolução e em expansão, e para os que creem, sustentado pela permanen-

te força criadora de Deus. A partir deste universo foram progressivamente emergindo todos os fenômenos como, por exemplo, a articulação sutil das energias cósmicas que presidem o curso dos corpos celestes, a crescente complexidade das ordens, e, por fim, a irrupção da vida e da consciência, e hoje a unificação da espécie humana mediante o processo de mundialização.

O próprio Jesus de Nazaré, Filho encarnado, não é alheio a este processo, pois também Ele é fruto de uma longa e penosa trajetória de ascensão e de interiorização na qual contribuíram todos os elementos, as energias cósmicas e as forças generadoras do humano.

No fundo, coloco uma questão simples: Como se insere o cristianismo dentro do processo da evolução do universo que já possui pelo menos 13,7 bilhões de anos? O que ele quer revelar? Que mensagem traz aos seres humanos? Para os que creem, como ele revela Deus e como Deus se revela nele?

Partimos da intuição básica, sempre afirmada pelo cristianismo, pelos místicos e também pelos mais atentos espíritos da humanidade: tudo é Mistério e tudo pode se fazer portador de Mistério. Este não é o limite da razão nem um abismo aterrador que a suplanta, mas uma fonte inesgotável de amor, de enternecimento e de acolhida.

Esse Mistério se comunica e quer ser conhecido. Mas a constatação surpreendente que fazemos: quanto mais o Mis-

tério é conhecido mais permanece Mistério em todo o conhecimento, exasperando a vontade humana de conhecer mais e mais num processo sem fim. Portanto, o Mistério aqui não comparece como o limite, mas como o ilimitado da razão amorosa, sempre aberta a novas descobertas e a novas razões de conhecer e de amar.

Esse Mistério fontal, para dizê-lo sem prévias mediações, é Deus, escondido sob mil nomes que as culturas lhe atribuíram. Deus é Mistério, não apenas para nós, mas também para si mesmo, pois sua essência primeira é ser Mistério. Ele se autocomunica e, ao autocomunicar-se, mostra-se assim como é: não como solidão, mas como comunhão de Divinas Pessoas: o Pai, o Filho e o Espírito Santo.

Cria o universo como um espelho no qual vê a si mesmo e também como receptáculo capaz de acolhê-lo quando, em seu desígnio eterno, quiser se autocomunicar para fora de si mesmo. A partir de então, Deus começa a ser aquilo que eternamente nunca foi antes. Ele conhece um fazer-se e inaugura assim uma história.

Nossa apresentação coloca o cristianismo em relação com o Mistério fontal (1); o cristianismo em sua relação com a Santíssima Trindade e com cada uma das Divinas Pessoas (2); o cristianismo em conexão com a figura de Jesus como o Filho do Pai que se encarnou (3); o cristianismo na história que se

seguiu à execução de Jesus e à sua ressurreição pessoal (4); e, por fim, o cristianismo na história de hoje na fase planetária da humanidade (5).

Nossa exposição procurou manter a dialética inerente à história, fazendo com que nela coexistam simultaneamente as dimensões de luz e de sombras, o sim-bólico e o dia-bólico. Esta dialética envolve também o cristianismo. Nem tudo o que vem sob nome de cristianismo é cristão.

Junto com outros caminhos religiosos e espirituais, ele também participa da missão comum, que é manter viva a chama sagrada da presença divina em cada pessoa, na história e em todo o processo cósmico. Sem pretender exclusividade, mas em comunhão com todos os demais, pode apresentar a sua mensagem singular como uma proposta de sentido para as pessoas, comunidades e para o mundo todo, proposta de grande generosidade, de inestimável grandeza espiritual e de abissal profundidade face ao Mistério do mundo que, no seu termo, é feito de amor, de compaixão e de comunhão de todos com todos e com tudo: o verdadeiro nome daquilo que chamamos Deus.

L.B.
Petrópolis, Páscoa de 2011.

1
Cristianismo e Mistério

1. Tudo é Mistério

0. *Para onde quer que dirijamos o olhar, para o grande e para o pequeno, para fora e para dentro, para o alto e para baixo, para todos os lados, encontramos o Mistério. Bem confessava Albert Einstein: "O homem que não tem os olhos abertos para o Mistério passará pela vida sem ver nada". O Mistério não é o desconhecido. É aquilo que nos fascina e nos atrai para conhecê-lo mais e mais. E, ao mesmo tempo, causa-nos estranheza e reverência. Porque sempre está aí, Ele se oferece permanentemente ao nosso conhecimento. E, ao tentar conhecê-lo, percebemos que nossa sede e fome de conhecimento nunca se sacia, embora possamos sempre conhecê-lo mais. Mas, no mesmo momento em que o captamos, Ele escapa de nós na direção do desconhecido. Perseguimo-lo sem cessar, e, mesmo assim, Ele fica sempre Mistério em todo o conhecimento, causando-nos atração invencível, temor e reverência irresistível. O Mistério é.*

1.1. No princípio estava o Mistério. O Mistério era Deus. Deus era o Mistério.

1.2. Deus é Mistério para nós e para Si mesmo.

1.3. É Mistério *para nós* na medida em que nunca acabamos de apreendê-lo, nem pelo amor, nem pela inteligência. Cada encontro deixa uma ausência que leva a outro encontro. Cada conhecimento abre outra janela para um novo conhecimento. O Mistério de Deus para nós humanos, voltamos a repetir, não é o limite do conhecimento, mas o ilimitado do conhecimento e é o amor que não conhece repouso. Jamais alcançamos uma situação que nos confere uma plenitude completa. É consequência do fato de o Mistério não caber em nenhum esquema nem ser aprisionado nas malhas de alguma doutrina. Ele está sempre por ser conhecido.

1.4. É um Mistério *pro-vocante*. Sempre nos evoca, convoca e atrai. Quando, por um instante, o percebemos, já se nos escapou, porém deixou uma experiência de fascinação. É uma presença ausente, mas também é uma ausência presente. Manifesta-se em nossa absoluta insatisfação que incansavelmente e em vão busca satisfação. Neste transitar entre presença e ausência se realiza o ser humano, trágico e feliz, inteiro, mas inacabado.

1.5. Deus é Mistério *em si mesmo* e *para si mesmo*. Ele é Mistério *em si mesmo* porque sua natureza é Mistério. Por isso, Deus enquanto Mistério se autoconhece, e, no entanto, nunca tem fim seu autoconhecimento. Revela-se a si mesmo e se retrai sobre si mesmo. O conhecimento de sua natureza de Mistério é cada vez inteiro e pleno e, ao mesmo tempo, sempre aberto para nova plenitude, ficando sempre Mistério, eterno e infinito para Deus mesmo. Se assim não fosse, não seria o que é: Mistério.

1.6. Deus é Mistério *para si mesmo*, quer dizer, por mais que Ele se autoconheça nunca esgota este seu conhecimento. Está aberto a um futuro que é realmente futuro. Portanto, algo que ainda não é dado, mas que pode se dar como novo e surpreendente. É o poder ser do Ser.

1.7. Mas o Mistério, por um dinamismo intrínseco, quer ser conhecido. Permanentemente se revela e se autocomunica. Sai de si e conhece e ama o novo que dele se manifesta. O que vai se revelar não é reprodução do mesmo, mas sempre distinto e novo também para Ele. À diferença do enigma que, conhecido, se desfaz, o Mistério quanto mais conhecido mais aparece como Mistério que convida para mais conhecimento e para maior amor.

1.8. Dizer Deus-Mistério é expressar um dinamismo sem resto, uma vida sem entropia, uma irrupção sem perda, um devir sem interrupção, um eterno vir a ser sempre sendo e uma beleza sempre nova e diferente que jamais fenece. Mistério é Mistério, agora e sempre, desde toda a eternidade e por toda a eternidade.

1.9. Diante do Mistério se afogam as palavras, desfalecem as imagens e morrem as referências. O que nos cabe é o silêncio, a reverência, a adoração e a contemplação. Estas são as atitudes adequadas ao Mistério.

1.10. Por mais Mistério que Deus seja, encontramos uma analogia dele em nós mesmos. Como humanos nos descobrimos também como Mistério. Por mais que nos sintamos, nos conheçamos e nos amemos, não conseguimos saber quem somos, nem podemos construir uma fórmula que nos defina, sequer uma imagem que nos seja adequada.

1.11. Somos seres de completa abertura: ao outro, ao mundo, ao universo e a Deus. Tudo concorre para o nosso autoconhecimento, sem nunca terminarmos de saber quem somos. Não sabemos o que fomos antes, o que somos agora, nem o que seremos amanhã. Não podemos saber o que se revelará de nós. Não temos o domínio dos fatos e somos desprovidos de percursos lineares que se movem sobre binários segu-

ros. Somos um projeto infinito que busca o Infinito, mas que somente encontramos finitos. O infinito sempre se afasta e se esconde atrás de cada horizonte que vislumbramos.

1.12. Somos uma ponte sobre um rio sem margem. Por isso somos trágicos e, ao mesmo tempo, bem-aventurados porque nunca desistimos, sempre insistimos e recomeçamos na busca de um Sol que não conheça ocaso, mas que incessantemente se põe, renasce e novamente se esconde, e também permanentemente nos convoca a buscá-lo. Não sem razão, diz-se que somos imagens e semelhanças de Deus. Somos um Mistério do Mistério e no Mistério. Somos os seres que sabem de seu próprio Mistério e do Mistério de Deus como Mistério. Essa é a nossa dignidade e nosso destino, nossa angústia e também nossa realização.

2. No princípio está a comunhão

2.1. O Mistério, por ser Mistério, só é acessível enquanto Mistério, por Deus diretamente e por nós, indiretamente, criados à imagem e semelhança do Mistério. Nada existe aquém e para além dele, mas, por ser um Mistério de vida e de movimento, continuamente se autorrevela, jorra e sai de si, faz-se acessível ficando Mistério inacessível. É um contínuo e simultâneo autorrevelar e autoesconder. É um eterno ir e vir. Um permanente sair e retrair-se.

2.2. Na medida em que permanece sempre Mistério inacessível, mesmo na autocomunicação e na autorrevelação, chama-se Pai. É insondável, impenetrável, impensável. A atitude mais apropriada diante dele é o silêncio respeitoso e devoto. É um abismo de amor e de bondade tão fascinante que a todos atrai para mergulharem em seu seio paternal.

2.3. O conteúdo do que é revelado pelo Pai no ato mesmo de se autocomunicar se chama Filho. Ele é eternamente o Filho do Pai. Ele é a Palavra que brota do Mistério e que convida a ser compreendida e acolhida. É luz de Luz que ilumina todas as coisas que existem e por existir.

2.4. Na medida em que o Mistério sai de si (Pai) e se faz Palavra (Filho) se cria a condição de comunhão de um com o outro: é Espírito Santo. Ele é o Sopro (*spiritus*) que sai do Pai na direção do Filho e do Filho na direção do Pai, fazendo com que os Três sejam um só Mistério que se dá e que volta sobre si mesmo. O Espírito é a eterna energia de união dentro da Trindade.

2.5. O Mistério não se multiplica. Ele se mostra assim como é, como Três em eterna coexistência, em simultânea interexistência e em perene persistência na comunhão e na autontrega de um ao outro no amor. Por isso é um único Deus.

2.6. É a mesma e única Fonte constituída por três torrentes. É uma única e mesma Chama eterna que se deixa ver no vermelho da base (o Pai), no amarelo do meio (o Filho) e no azul na ponta (o Espírito Santo). Eles se entrelaçam, se interpenetram e se uni-ficam (ficam um) sem deixar de ser diversos. São diversos para poderem se relacionar e autocomunicar um com o outro, pelo outro e no outro, e jamais sem o outro. Assim são e permanecem eternamente juntos.

2.7. No começo não está a solidão do Uno, mas a comunhão dos Três. Este não é número que sempre se pode multiplicar; as Divinas Pessoas são únicas. Os únicos não são números, por isso não se somam. Mas eles se relacionam tão radicalmente e se entrelaçam tão completamente que emergem como um só Deus-comunhão-amor. Os Três são uma única Fonte, um único eterno Fogo, uma única permanente Explosão e Implosão de ser e de vir a ser. Há um único Deus-Mistério se realizando eternamente na Pessoa do Pai, na Pessoa do Filho e na Pessoa do Espírito.

2.8. Eles são o antes do antes. O que sempre existiu, sempre existe e sempre existirá. Isso não pode ser pensado nem imaginado. É a barreira intransponível para a inteligência finita. Ou ela se desespera e enlouquece ou se rende, reverente, ao Mistério. Ele pode ser aquilo que a inteligência não alcança entender.

2.9. Se Deus-Mistério é sempre conhecido e desconhecido, revelado e escondido, essencialmente comunhão e relação, então tudo o que dele vier será também conhecido e desconhecido. Será relação de tudo e com tudo e jamais estará fora da relação que é eterna comunhão e jamais solidão. O próprio ser é sempre conhecido e, ao mesmo tempo, desconhecido. Mas sempre enredado na teia das relações de todos com todos.

3. A Fonte originária de todo o ser

3.1. O Mistério em sua realidade trinitária se autoconhece e se apropria de sua realidade desbordante na medida em que se autorrevela a si mesmo. Ele projeta o diferente de si como um espelho no qual os divinos Três se veem a si mesmos. É o sentido da criação.

3.2. A criação revela Deus para Deus mesmo. Da profundidade do Mistério emergem as infinitas possibilidades que são potencialidades ainda não realizadas. Por isso, elas são uma permanente novidade para o Mistério trinitário mesmo. Cada emergência é apreendida em sua totalidade, mas imediatamente irrompe outra e outra, e assim eternamente num *motu perpetuo* sem fim. O dinamismo divino se abre para acolhê-las e incorporá-las em sua natureza, e elas sem cessar implodem e explodem fazendo que a divina essência se revele ininterrupta-

mente dinâmica e mostre sua infinita riqueza potencial. É novidade sobre novidade. Surpresa sobre surpresa. Beleza sobre beleza. Intelecção sobre intelecção. Amor sobre amor. Paixão sobre paixão. O Deus-comunhão tem história. Ele pode ser aquilo que nunca foi antes, como, por exemplo, o Filho do Pai que, num determinado tempo, emergiu como Filho encarnado.

3.3. Num momento de sua plenitude transbordante e em sua vontade de autorrevelar-se e entregar-se, o Mistério trino, a partir de suas infinitas possibilidades e potencialidades, cria um oceano sem margens, em permanentes flutuações de ondas, oceano composto de pura energia. Trata-se da Energia de Fundo que antecede qualquer outra coisa que vier a acontecer. É energia criada e colocada como diferente diante do Deus-Trindade para que Ele mesmo se pudesse ver nela e ela pudesse revelá-lo. Ela vem dotada com as características do Mistério sem ser o Mistério: é inefável, inapreensível, ilimitada e infinitamente dinâmica porque todas estas expressões surgiram depois dela, mas não é ainda o Mistério, sempre irredutível. É sua imagem e semelhança, a sua melhor metáfora.

3.4. Esse imenso oceano de energia está prenhe de potencialidades de ser. Nada é estável. São como ondas que se sucedem sem parar, movendo-se em todas as direções sem que nenhuma margem as possa deter.

3.5. Delas saem lampejos de energia que se condensam em pequeníssimas partículas e logo se dissolvem para regressar novamente no oceano de pura energia. É um reluzir infinito de pontos flamejantes. Tudo é movimento. Tudo é brilho. Tudo é efervescência. Tudo é implosão e explosão. Tudo é ordem dinâmica se constituindo e se desfazendo para novamente se constituir.

3.6. Esse oceano é uma Fonte flamejante. É uma Flama fontal. Um abismo amoroso no qual estão todos os possíveis elementos que alimentarão o universo a surgir ou também outros possíveis universos.

3.7. Ela é chamada *Energia de Fundo, Abismo Amoroso Alimentador de Tudo, Fonte Originária de todo o Ser*, que sustenta o inteiro universo, mantém na existência cada ser e sempre está disponível. Essa energia não pode ser manipulada por ninguém, mas pode ser invocada para que venha e flua em nós.

4. A grande explosão silenciosa

4.1. Daquela Energia de Fundo, insondável, cuja realidade se perde para dentro do Mistério sem ser o Mistério, surpreendentemente e de repente, irrompe um ponto de densidade inimaginável. Ele é um entre tantos que emergiram e que voltaram ao seio do oceano abissal, mas, no tempo zero, o

Mistério quis que ele colapsasse, quer dizer, que ele se firmasse, se sustentasse e permanecesse. Seu tamanho é trilhões e trilhões de vezes menor que a cabeça de um alfinete. É prenhe de energia altamente condensada, a ponto de seu calor ser de bilhões e bilhões de graus Celsius. É o Mistério em ação para fora de si mesmo. Outros pontos podem ter se formado, por vontade do Mistério, firmando-se e explodindo também, criando universos paralelos ou existindo junto ao nosso, em outra dimensão.

4.2. No interior desse ínfimo ponto ferve um caldo de energia pura no qual, virtualmente, encontram-se os princípios, as informações, as subenergias e partículas elementares que irão posteriormente constituir todo o universo. Ele está lá em sua esplêndida rutilância, pulsando pela pressão da energia originária.

4.3. De repente, sem que se possa saber por que, ele se inflacionou ao tamanho de um átomo e, momentos depois, às dimensões de uma maçã. E então explodiu. Ocorreu a singularidade do *big-bang*. Explodiu, mas foi um estrondo silencioso, pois não havia ainda espaço e tempo para reboar, e deixou uma radiação tão intensa que pode ser sentida até os dias de hoje pela assim chamada "radiação de fundo", pequena vibração que incessantemente nos vem de todos os lados do univer-

so. Medindo a luz vermelha das estrelas mais distantes chega-se à conclusão de que tal *big-bang* flamejante teria ocorrido há 13,7 bilhões de anos. Eis a idade do universo e, como somos parte dele, eis a nossa própria idade.

4.4. Após bilionésimas frações de segundo de tempo, a energia e os conteúdos basilares aí contidos são ejetados violentamente em todas as direções, criando o espaço e o tempo. A energia originária se desdobra nas quatro forças conhecidas: a gravitacional, a eletromagnética, a nuclear fraca e a forte. O que são elas? Nenhuma explicação se apresentou até hoje como satisfatória, pois precisamos delas para entender todas as outras coisas. Aquilo que nos permite entender todas as coisas não é entendível. Provavelmente elas mostram a própria ação do universo, trabalhando e começando a colocar ordem naquela incomensurável desordem inicial provocada pelo *big-bang*.

4.5. Esta energia originária se condensou fortemente e produziu primeiramente o *campo Higgs*, que constitui o espaço no qual surgiram as primeiras partículas elementares, os hádrions, os *topquarks*, os prótons, os nêutrons, os elétrons, os pósitrons e a antimatéria. Produziu-se, então, entre matéria e antimatéria, um formidável choque, incompreensível e misterioso. A destruição mútua foi tão violenta que somente restou uma bilionésima parte da matéria. A antimatéria desapare-

ceu totalmente. Daquela bilionésima parte de matéria restante se originou todo o imenso universo que conhecemos e que nos enche de sentimento de *grandeur* por sua magnitude.

4.6. Este universo surgiu de uma calibragem sutilíssima das quatro interações que sempre atuam juntas e articuladas. Se a força gravitacional fosse, minimamente, forte demais, todos os elementos seriam atraídos de volta, explodiriam sobre si mesmos em explosões sem fim, para, no termo, formarem possivelmente um buraco negro. As estrelas seriam impossíveis e impossível seria a vida e a percepção consciente. Se ela fosse, por uma minúscula fração de tempo, fraca demais, a expansão iria se diluindo cada vez mais até perder-se totalmente. Da mesma forma, não teria acontecido a densificação dos gases e partículas elementares, não teriam surgido as grandes estrelas vermelhas, e a vida e a Terra seriam impossíveis. Stephen Hawking, um dos maiores astrofísicos da história da ciência, diz em sua obra *Uma nova história do tempo* (2005): "Se a carga elétrica do elétron tivesse sido ligeiramente diferente teria rompido o equilíbrio da força eletromagnética e gravitacional nas estrelas e, ou elas teriam sido incapazes de queimar o hidrogênio e o hélio, ou então não teriam explodido. De uma maneira ou de outra a vida não poderia existir" (p. 120). Assim ocorreu com cada uma das quatro forças que sinfonicamente atuaram de tal forma que criaram as condições iniciais

para que, ao longo do processo evolucionário, pudessem surgir as complexidades, as ordens, os seres portadores de vida e de consciência e cada um de nós individualmente.

4.7. A energia se condensa ainda mais e origina as partículas mais elementares que conhecemos, os presumíveis hádrions, vários tipos de *topquarks*, os prótons, os elétrons, os nêutrons e, por fim, os átomos; e a partir dos átomos combinados entre si todos os seres existentes no universo. Surgiu o hidrogênio e o hélio, os elementos mais simples e os mais abundantes do universo.

4.8. Enquanto isso, a energia ejetada, junto com as partículas elementares, formou uma incomensurável nuvem que se expandiu mais e mais. Lentamente, depois de uma grande disparada em todas as direções, ela começou a se resfriar e ganhar densidade. Deste processo se formaram as grandes estrelas vermelhas.

4.9. Elas funcionaram, por alguns bilhões de anos, como fornalhas ardentes dentro das quais ocorreram explosões atômicas de magnitude incomensurável. Lá se forjaram os principais elementos físico-químicos que estão presentes em todos os seres: o ferro, o enxofre, o carbono, o cilício, o metano, o ouro, a prata, enfim, os 92 elementos básicos que compõem todos os seres e cada um de nós. Depois de haverem consumi-

do o hidrogênio e o hélio, explodiram. Viraram supernovas, produzindo uma luz tão intensa que equivale a cem bilhões de sóis. Jogaram em todas as direções os elementos que continham dentro de si.

4.10. De sua morte surgiu nova realidade. Dos fragmentos ejetados se formaram as galáxias, os conglomerados de galáxias, as estrelas, os planetas, a Terra, as luas, os demais corpos celestes e nós mesmos, os seres humanos. Somos filhos das estrelas e do pó cósmico estelar.

4.11. Todo o processo evolucionário carrega dentro de si o caos inicial de onde proveio e a grande explosão cuja radiação vibra por todo o universo. A expansão, a auto-organização, a complexidade e as ordens cada vez mais reguladas são formas pelas quais o próprio universo domestica o caos e o torna criativo. Caos e cosmos, ordem e desordem, criação e destruição, sim-bólico e dia-bólico sempre irão coexistir, se confrontar, se equilibrar sem nunca chegarem a uma síntese final. Esta realidade qualifica também o ser humano que é simultaneamente demente e sapiente, portador de energias destruidoras e de forças construtivas. Sem negar esta polarização, sente o chamado ético de fortalecer a dimensão de ordem sobre a de desordem, a energia do amor sobre a força do negativo. Esta situação não é uma falha, mas uma marca de cada pessoa, de

cada ser e do próprio universo. Todos obedecem a esta dinâmica: caos-ordem-desordem-nova-ordem-caos-ordem-desordem-nova-ordem e assim indefinidamente. Quando irá culminar? Cremos que a síntese final se dê quando tudo será incluído no Reino da Trindade. Esperamos.

4.12. Acabamos de desenhar o quadro da criação que vai permitir ao Mistério se autorrevelar e espelhar sua riqueza interna. Ao mesmo tempo, este universo criado vai refletir o Mistério e no-lo dar a conhecer naquilo que pode ser conhecido.

5. Nasce o Sol que esposa a Terra

5.1. Das bilhões de galáxias, uma ressalta, a nossa, a Via Láctea, em forma espiral, com um diâmetro de cem mil anos-luz.

5.2. Dentro dela se formou uma estrela chamada *Tiamat*, ou também o Primeiro Sol. Por milhões de anos brilhou. Dentro dela, por explosões atômicas, retrabalharam-se os elementos, antes forjados no coração das grandes estrelas vermelhas e importantes para a vida que iria surgir milhões de anos após. Elementos como o oxigênio e o enxofre, o fósforo, a amônia, o nitrogênio e especialmente o carbono, essencial para as combinações químicas que possibilitam a vida, a informação genética, a memória e a consciência reflexa.

5.3. Depois de milhões e milhões de anos de fulgor, o Primeiro Sol (Tiamat) também explodiu. Transformou-se numa supernova. Lançou uma nuvem incomensurável de gás e de elementos por todos os lados. Lentamente, porém, estes gases ganharam consistência por força da gravidade. Nasceu o Sol, o nosso Sol, que já possui cinco bilhões de anos. Conseguiu atrair ao seu redor os planetas que se formaram a partir dos detritos da explosão do Primeiro Sol. Um deles é a Terra, a nossa Mãe Terra, que precisou de bilhões de anos para se formar e começar a girar uniformemente ao redor do Sol. Na verdade, ela já existe há 4,44 bilhões de anos. O Mistério vai preparando as condições para lá na frente, em milhões de anos de cosmogênese, poder irromper a vida e a consciência.

5.4. A Terra, por 800 milhões de anos, permaneceu como um mar de fogo devido à sua origem estelar e aos meteoros que caíam brutalmente sobre ela, mas aos poucos foi criando uma crosta que lhe facilitou o esfriamento. A distância adequada do Sol e o equilíbrio criado pela gravidade que retinha os líquidos criaram as condições do surgimento de uma atmosfera, capaz de acolher vida.

5.5. A vida surge sempre e em qualquer lugar no universo quando o processo da cosmogênese (a gênese criativa do universo em expansão) alcança certo grau de complexidade e de

flutuação de seus elementos, chamado de caos. Aqui na Terra ocorreu uma medida justa de todos os fatores que permitiram a eclosão da vida. Se houvesse pequeno desvio de convergência, como referimos anteriormente, não teria surgido a vida assim como a conhecemos.

5.6. Há 3,8 bilhões de anos, de um oceano primevo ou de um pântano ancestral, irrompeu a primeira forma de vida, uma bactéria chamada *Áries*. Quando se encontraram, de forma misteriosa, mas obedecendo às forças diretivas do universo e ao desígnio do Mistério, vinte aminoácidos e quatro ácidos nucleicos, explodiu, fragilíssima, a vida. Para sobreviver não bastava a atmosfera preexistente, muito hostil. Ela teve que lentamente se adaptar e criar seu próprio habitat com as suas próprias energias e em interação com as da Terra e do universo. Disso se originou a *biosfera*, aquela lâmina finíssima que circunda a Terra e que permite a todos os seres vivos se manterem na existência. Desta célula originária se derivaram todas as formas de vida, por clonagens, relações, fusões, combinações e seleção natural.

5.7. Por dois bilhões de anos as bactérias, os vírus e os demais micro-organismos se multiplicavam por clonagem e encheram toda a Terra. Eram os *procariontes*, organismos unicelulares sem núcleo apenas com uma rudimentar organização

interna. Pelo fato de se copiarem perfeitamente gozavam e gozam ainda de uma perenidade biológica.

5.8. Mas eis que, um bilhão de anos depois de ter surgido a vida, emergiu uma célula com membrana e núcleo, um *eucarionte*. Dentro dela se encontrava o material genético com o DNA, a fórmula da multiplicação da vida. A importância desta célula se deriva do fato de ela ser a origem da sexualidade. Duas células se relacionavam, trocavam os núcleos ou um se fundia no outro. O material genético se enriquecia então com o outro. Assim começou a surgir a biodiversidade. Como a fusão podia implicar imperfeições e pequenos erros, favorecia a diversidade e a multiplicação das espécies, as mutações e adaptações. No início tudo ocorria nas águas oceânicas e depois em terra firme.

5.9. Fenômeno novo surgiu na era mesozoica quando irromperam os dinossauros. Eram animais sociais que andavam e caçavam em grupos e desenvolveram um comportamento até então desconhecido no mundo reptiliano. Enquanto chocavam, cuidavam dos ovos e depois dos filhotes que nasciam, até que ganhassem autonomia. Mais tarde, ao cair um meteoro gigante no Caribe, há 65 milhões de anos, desapareceram totalmente depois de vagarem por toda a Terra por mais de cem milhões de anos.

5.10. Mas uma das maiores emergências da evolução ocorreu por volta de 125 milhões de anos, quando surgiu o primeiro mamífero marsupial. O contato íntimo com o corpo na gestação e a convivência com o filhote após o nascimento são concomitantes com o cérebro límbico, e com ele o sentimento do cuidado e do amor. Esse fenômeno representa um salto na evolução de nossa galáxia e do sistema solar. Os seres humanos se inscrevem no reino dos mamíferos, o que os faz seres de cuidado, de sentimento e de amor. A vida agora se multiplicará pela fusão dos sexos.

5.11. A sexualidade revela o relacionamento e a comunhão entre diferentes. Tal verificação é carregada de sentido, pois a vida se estrutura ao redor da simbiose, de trocas e de comunhão de sentimentos, de materiais e de energias. Esta realidade espelha de forma densa o Mistério fontal, escondido e sempre se revelando e entrando em comunhão com o diferente.

5.12. Com a emergência lenta da biosfera se inicia um diálogo dinâmico dos seres vivos com a Terra, com suas energias, com seus elementos e com as interações do universo. A biosfera é o resultado desta dialogação. A criadora principal foi a própria vida que sempre buscou e criou as condições melhores para a sua persistência e reprodução. A Terra deixa de ser simplesmente um planeta do sistema solar. Transforma-se em Gaia, Pacha Mama, Grande Mãe, uma entidade complexa que

engloba a biosfera, a atmosfera, os oceanos, as montanhas, os solos, os ecossistemas em seu conjunto, formando um macrossistema de realimentação, autorregulação e autorregeneração, em busca permanente de condições ecológicas, favoráveis à vida.

5.13. A já referida queda de um meteoro gigante no Caribe, há 65 milhões de anos, significou uma espécie de grande *armagedon ambiental*. Ele provocou o desaparecimento de grande parte do capital biótico terrestre, mas em compensação, como uma espécie de *vendetta* da própria Terra, ocorreu uma primavera de formas de vida como jamais houve antes. Até aquela data tudo era verde por causa da clorofila produzida pelas florestas ancestrais sob a luz benfazeja do sol que permitia a fotossíntese. De repente, tudo se encheu de cores. Abriram-se as flores multicores. Era o berço que o universo preparou para ser o receptáculo daquele ancestral que estava se anunciando para ser o portador da consciência e da capacidade de acolher o próprio Mistério dentro de si mesmo: o ser humano, homem e mulher. Ele surgiu junto com as flores; estas e os brotos foram seus primeiros alimentos.

6. O universo visto por dentro

6.1. Notamos na cosmogênese o seguinte percurso: da energia se passou à matéria, da matéria se chegou à vida;

da vida se atingiu a autoconsciência, e desta se alcançou a percepção do Todo e do Mistério que sustenta e perpassa todo o universo. Como se depreende, o universo é um grande pensante e não uma minuciosa máquina. A consciência, portanto, não seria um intruso no mundo da matéria. Antes, seria o criador e regulador da matéria.

6.2. Este universo não é feito da soma de todos os seus seres. Eles não existem separados uns dos outros. Todos estão inter-retro-conectados entre si porque tudo tem a ver com tudo em todos os momentos e em todas as circunstâncias. O universo não é, portanto, uma máquina que repete sempre os mesmos movimentos, ele é o conjunto de todas as relações em rede e em grande dinamismo, constituindo um incomensurável sistema aberto a novas emergências surgidas da Energia de Fundo.

6.3. O universo está, pois, sempre se auto-organizando e se autocriando, deixando aparecer dimensões novas. Mais que simplesmente cosmos, ele configura uma cosmogênese. Está ainda em gênese, continua nascendo. Está crescendo na direção da Fonte de onde veio, que continuamente o atrai para ser inserido dentro dela. Ele não é linear. Conhece rupturas, dá saltos, tem fases; em outras palavras, o universo tem história, e, como toda história, os eventos são irreversíveis, não voltam para trás, apontam para frente e para cima.

6.4. Nele preside um princípio cosmogênico que se concretiza nesta lógica: quanto mais se expande, mais se enrola sobre si mesmo (se complexifica); quanto mais se enrola sobre si mesmo, mais vivo aparece; quanto mais vivo aparece, mais consciente se mostra; quanto mais consciente se mostra, mais autoconsciente fica; quanto mais autoconsciente fica, mais se descobre como parte de um Todo; quanto mais se descobre parte de um Todo, mais descobre o Elo que une e re-une todas as coisas; quanto mais fica claro na consciência o Elo reunificador, mais cresce o sentimento de veneração e de respeito; quanto mais cresce a veneração e o respeito, mais a vida ganha sentido; e quanto mais a vida ganha sentido, mais é celebrada com festas, cânticos e rituais.

6.5. Todas as coisas se unem num abraço de convivência e comunhão. O universo é autoconsciente e carregado de propósito. Ele foi preparando lentamente, passo a passo, atravessando devastações terríveis como aquela do parmeniano-triássico ocorrida há 245 milhões de anos, na qual grande parte da vida foi dizimada, conhecendo refazimentos espetaculares. Nesse processo de caos e cosmos veio sendo preparado pelas forças cosmogênicas aquele ser que estava dotado de tanta abertura que poderia identificar Deus, misturado em todas as coisas, e acolhê-lo quando este quisesse se autocomunicar totalmente: o homem e a mulher, projeto infinito e *capax Infiniti*.

7. O ser humano, projeto infinito

7.1. O universo preparou todos os fatores e encontrou um sutil equilíbrio de todas as energias para que emergisse o ser humano, portador de autoconsciência e da percepção do Mistério. Mas para ser o que é hoje, *sapiens sapiens*, teve que percorrer longo caminho. Como há uma cosmogênese, há também uma antropogênese, a gênese do ser humano, homem e mulher, ao longo do processo evolutivo do universo, da nossa galáxia, a Via Láctea, e da Terra. Ele é o termo de um caminho que começou há mais de 13 bilhões de anos.

7.2. Há 75 milhões de anos, no final do mesozoico, surgiram os longínquos ancestrais dos humanos, os símios. Eram pequenos mamíferos não maiores que um rato. Viviam no alto das árvores gigantes, alimentando-se de flores e brotos e sempre ameaçados pelos vorazes dinossauros.

7.3. Esses símios, depois do desaparecimento dos dinossauros há 65 milhões de anos, puderam evoluir desimpedidamente. Há 35 milhões de anos encontramo-los como primatas, que formavam um tronco comum do qual saíram os chimpanzés e outros grandes símios de um lado, e, do outro, nós, seres a caminho da humanização. Viviam nas florestas africanas adaptando-se às mudanças climáticas, ora de chuvas torrenciais, ora de tórridas secas.

7.4. Há sete milhões de anos ocorreu uma bifurcação decisiva: de um lado ficaram os grandes primatas chimpanzés e gorilas (com os quais temos 99% de genes comuns) nas florestas úmidas e ricas em alimentos na África, e, no outro, nas savanas e regiões secas, os australopitecos, já a caminho da hominização.

7.5. Há 3-4 milhões de anos, no Afar etíope, o australopitecino apresentava características humanoides. Há 2,6 milhões de anos surgiu o *homo habilis*, que já maneja instrumentos (pedras polidas e paus) como forma de intervenção na natureza. Há 1,5 milhão de anos já andava sobre as duas pernas: é *homo erectus*, capaz de elaboração mental. Junto com o cérebro reptílio de 250 milhões de anos, aquele que regula nossos movimentos instintivos, e o límbico formado há 225 milhões de anos com os mamíferos, que responde por nosso universo interior de sentimentos, cuidados, desejos e sonhos, compareceu agora, o cérebro neocortical que dá conta de nossa racionalidade e conexões mentais. Há 200 mil anos irrompe, enfim, o *homo sapiens*, já plenamente humano, vivendo socialmente, usando a linguagem e organizando a subsistência de forma cooperativa. Há 100 mil anos, finalmente, comparece o *homo sapiens sapiens* moderno, cujo cérebro apresenta tanta complexidade que o faz ser portador de autopercepção consciente e de inteligência altamente perspicaz.

7.6. Aqui se realiza a base biológica da percepção consciente de que somos parte de um Todo maior e que captamos aquela Energia de Fundo que enche o universo. Damo-nos conta de que um Elo une e reúne todas as coisas, e com o qual mediante ritos, danças, cantos e falas podemos entrar em comunhão.

7.7. Surgido na África, esse homem começará sua peregrinação pelos continentes até ocupar todo o planeta e chegar aos dias de hoje. A partir do neolítico, cerca de dez mil anos atrás, começa a viver socialmente de forma organizada. Constrói vilas, cidades, estados, culturas e civilizações. Interroga-se pelo sentido de sua vida, de sua morte e do universo, como se pode ver nos grafites e pinturas rupestres de várias partes do mundo. Organiza visões de mundo ao redor daquela Energia poderosa e amorosa que tudo sustenta e penetra. Descobre-se a si mesmo como um ser aberto à totalidade e habitado por um desejo infinito. O Mistério se torna mais e mais sacramental, vale dizer, mais e mais se anuncia perceptivelmente na consciência humana.

7.8. O ser humano traduz sua experiência do Mistério com mil nomes que nascem de sua reverência, de seu êxtase e de seu amor. Sente-se mergulhado nesse Mistério que lhe confere sentido de vida. Abre-se ao mundo circundante, ao outro, às diversas sociedades, ao Todo e a Deus. Nada o sacia. Seu grito por plenitude é eco da voz do Mistério que o chama para a comunhão. Ele pode ser um companheiro no amor, um ou-

vinte da Palavra, um hospedeiro do Mistério dentro de si. Ele pode encarnar o Deus trino, e o Deus trino pode encarnar-se nele. Foram dadas, ao longo do processo de antropogênese, as condições para isso. Ele é uma abertura infinita que clama pelo infinito. Busca-o insaciavelmente em todos os lados e sob todas as formas e só encontra finitos. Que infinito virá ao seu encontro e o preencherá? Um vazio infinito demanda um Objeto Infinito que o plenificará. Então fará a experiência agostiniana de finalmente repousar em Deus.

8. O advento do Mistério

8.1. Dois impulsos se encontram: do Mistério que quer se autocomunicar e estar totalmente no outro, e do ser humano que está totalmente aberto para o Mistério no qual quer repousar plenamente e encontrar a realização suprema de sua busca pelo Infinito.

8.2. Ao se autocomunicar, o Mistério, que é a Trindade das Divinas Pessoas, sai totalmente de si em direção do ser humano. O Mistério se esvazia para poder estar totalmente no outro. O Mistério se faz o outro.

8.3. Ao acolher a autocomunicação do Mistério, o ser humano se esvazia totalmente de si para estar todo no Mistério. Ele se faz Mistério na forma que lhe é possível como criatura.

8.4. Quando se dá o encontro destas duas saídas, uma em direção à outra, de tal forma que o Mistério fica o outro e o outro fica Mistério, então se realiza a plena hominização do Mistério e a completa divinização do ser humano.

8.5. O Mistério, presente na Energia de Fundo, sempre estava se autocomunicando no processo evolucionário, estando presente em cada ser e no seu modo singular de realizar-se, nas energias, nas partículas elementares tidas como cordas vibrantes, nos corpos celestes, nos conglomerados de galáxias, nas estrelas, nos planetas, nos minerais, nas bactérias, nas células complexas, em cada ser vivo, nos répteis, nos mamíferos, nos seres autoconscientes. Ele penetrava em todos eles e eles penetravam nele. Era o abraço inclusivo do Mistério com sua criação.

8.6. Mas se alcançou um novo patamar quando o Mistério se entregou totalmente ao ser humano autoconsciente e livre. Ele se humanizou. Em cada etapa começou a ser aquilo que não era. Ele mesmo foi se revelando a si mesmo na medida em que se entregava aos outros.

8.7. Mas no ser humano ocorreu a máxima entrega e também a máxima recepção. O próprio Mistério criou um sujeito, habitado por uma ânsia infinita, capaz de acolher o Infinito,

aberto a hospedar o Mistério. Nessa direção caminhou o inteiro universo, etapa por etapa, ordem por ordem, complexidade por complexidade, até que enfim irrompesse aquela criatura que, não sendo o Mistério, pudesse se identificar com o Mistério.

8.8. Foi quando se deu a completa personalização, encarnação e espiritualização do Mistério enquanto Trindade: Pai, Filho e Espírito Santo.

8.9. Como Deus trino é uno e as Divinas Pessoas sempre se encontram entrelaçadas, de forma que sempre agem em comunhão, ao se autocomunicarem o fazem como realmente são: como Trindade. Esta, inteira sai de si, exterioriza-se e penetra naquele ser que criou, apto a acolhê-la.

8.10. Como este ser não existe em si e para si, mas sempre em relação com todos os demais seres e como é fruto de todo o processo da evolução, significa então que a totalidade do universo e cada um dos seres foi tocado pelo advento do Mistério, da Santíssima Trindade. O universo se fez o grande espelho no qual a Trindade se vê a si mesma. Ele se transformou no templo sacrossanto que acolheu e hospedou a Trindade. Quando isso acontece, antecipa-se o fim bem-aventurado de toda a criação. Ele se fez o Corpo da Trindade.

9. A espiritualização de Maria pelo Espírito Santo

9.1. As Três Pessoas Divinas, em razão da radical inter-retro-relação que entretêm entre si, sempre agem juntas. Tudo nelas é comum, à exceção do fato de serem distintas, quer dizer, de uma não ser a outra. São distintas para poderem se autoentregarem reciprocamente, viverem a comunhão e estarem juntas. Assim se uni-ficam, quer dizer, ficam um só Deus-Trindade.

9.2. O que é terceiro no Reino da Trindade é primeiro no reino da criação. Assim, em sua vontade encarnatória, o Mistério na Pessoa do Espírito Santo foi o primeiro a sair de si e de armar sua tenda entre os humanos. Os divinos Três estão aí presentes, mas, por uma similaridade com a criação, é o Espírito Santo que melhor vai expressar o Mistério entrando para dentro da criação. É o momento de acolher e de recolher o diferente para dentro do Mistério, para o grande esponsal da criação com o seu Criador. É a hora da grande integração.

9.3. O Espírito apresenta dimensões do feminino: é gerador de vida, cuida de todo o ser, suscita o novo e acolhe amorosamente em si a criação. Nas línguas semitas o Espírito é feminino, princípio gerador.

9.4. Míriam de Nazaré, mulher simples do povo, humilde, totalmente aberta ao Mistério porque "cheia de graça"

(Lc 1,28.30), corajosa como uma profetiza ao suplicar a intervenção de Deus para "derrubar os poderosos de seu trono e para encher de bens os famintos" (Lc 1,52-53), estava preparada para acolher dentro de si o Espírito Santo.

9.5. Eis que, num determinado momento da história, o "Espírito Santo veio sobre ela e armou sua tenda nela" (Lc 1,35). Quer dizer, veio, não foi embora e ficou permanentemente nela. Quis morar com ela definitivamente e fazer-se um com ela.

9.6. E Maria disse: *Fiat*, "que assim seja" (Lc 1,38). Desde aquele instante, o Espírito que pairava sobre o caos primordial de onde vieram todos os seres, aquele Espírito que empurrava todas as coisas para cima e para frente, aquele Espírito que penetrou toda a matéria e a complexificou, aquele Espírito que fez eclodir a vida, aquele Espírito que, com os mamíferos, suscitou o sentimento, o cuidado e o amor, aquele Espírito que encandeceu o espírito humano para que entendesse a lógica da evolução, aquele Espírito que fez os profetas gritarem, os poetas cantarem, os inventores criarem, aquele Espírito que semeou o amor, a amizade, a benquerença, o sentimento de justiça, a compaixão, a misericórdia e o supremo dom da autoentrega ao outro no amor, este Espírito, a partir de agora, está plenamente numa mulher, e por meio dela vivifica tudo com energia, vigor, ternura e amor.

9.7. Assim como o Espírito veio a ela, ela foi ao encontro do Espírito. Foi se abrindo a tudo o que era devoção, bondade e amorização. Sentiu que Deus "estava com ela" (Lc 1,28). Deu-se o encontro da mulher com o Espírito, revelou-se o rosto materno, esponsorial, amical de Deus. O feminino acolhedor e generador, ao longo de todos os milhões e milhões de anos de evolução, chegou a uma culminância. Agora Maria se espiritualizou, se identificou com o Espírito. Este se feminilizou, se uniu para sempre a Maria, e com ela ao feminino da criação e à humanidade feminina.

9.8. Esse Espírito é fecundo, gerou nela uma criatura que será a encarnação do Filho. Num momento da história, o centro é ocupado por uma mulher. Nela está o Espírito e dentro dela cresce a santa humanidade do Filho eterno. Sobre ela opera misteriosamente o Pai cujo Filho foi concebido na força do Espírito. Ela é o templo do Mistério sacrossanto. O Espírito se fez mulher. A mulher se fez Espírito.

10. A encarnação do Filho em Jesus de Nazaré

10.1. O Espírito Santo habita a jovem Míriam de Nazaré. Sendo virgem, estranhamente, sente dentro de si uma Energia geradora. Era a ação do Espírito. Em seu seio começa a se formar uma nova vida. Perplexa, diz: "Como é possível, se não conheço homem?" (Lc 1,34). Mas supera o receio natural,

pois se dá conta do Espírito com o qual entretém uma intimidade profunda. Ele está mostrando sua força criadora como no primeiro momento da criação. Ela seguramente nada entende, mas se sente privilegiada e "bendita entre todas as mulheres" (Lc 1,42). "Quem será esta nova criatura que se esconde em meu útero? Que Mistério carrego dentro de mim?" Estas questões ela meditava e guardava em seu coração (Lc 2,51).

10.2. Maria concebeu, pela força do Espírito, um menino dentro de si. Nele convergiram as energias do inteiro universo. Cada elemento virtualmente presente naquele ínfimo ponto primordial que depois explodiu, todos os materiais que se forjaram no coração das grandes estrelas vermelhas, as galáxias, as estrelas, a Terra, os demais corpos celestes, as ordens mais complexas que originaram a vida, as formas mais ordenadas de vida até chegarem à autopercepção de si mesmas, tudo enfim se constituiu num imenso berço para acolher esta criatura que está lentamente crescendo até acabar de nascer.

10.3. Seu nome é Jesus de Nazaré. Desde seu primeiro momento se mostra *capax Infiniti*, capaz de acolher o Infinito. E de fato o acolheu inteiro na proporção em que sua vida se manifestava como criança, como jovem e como adulto. Em cada fase, o Filho está presente consoante a capacidade da respectiva fase. Nele o Filho eterno armou sua morada perma-

nente (Jo 1,14). Ele se encarna neste homem de Nazaré, vila tão insignificante que sequer é nomeada no Primeiro Testamento. Ele vai se formando como qualquer criança, jovem e homem feito. Passa pelas crises que cada fase implica, enfrenta-as, e com isso amadurece e plasma sua identidade de homem. Seu nome, Jesus, não consta em nenhuma crônica da época. É um desconhecido. Aprende a profissão do pai, um artesão, um *factotum* que arruma telhados, levanta paredes, constrói mobiliário doméstico como mesas, cadeiras e rodas, e simultaneamente trabalha como camponês para garantir comida à família, como era hábito de todos os artesãos.

10.4. Mas nele habita o Filho eterno, aquele que é a Palavra pela qual o Mistério sai de seu caráter abscôndito e se dá a conhecer. O Filho se encarna não num rei, nem num sumo sacerdote, nem num sábio conhecedor das Escrituras e das coisas do mundo. Ele faz sua a nossa carne, quer dizer, a nossa *condition humaine*, miserável e vulnerável, e "cercado de fraqueza" (Hb 5,2), mas também laboriosa, decidida e cheia de projetos. Conhece alegrias e tristezas, indignação e piedade, e "aprendeu a obedecer por meio dos sofrimentos" (Hb 5,8). Ele é em tudo igual a nós, mas nele há uma diferença: é inteiro e totalmente aberto a acolher o Filho quando este quer se comunicar. Em cada momento e em cada etapa de sua evolução pessoal se abre ao advento do Filho. O Filho está nele e o

acompanha. Veio crescendo de dentro do processo da evolução até irromper nele.

10.5. Pelo fato de ser o Filho encarnado, sente a Deus como *Abba*-Paizinho. Só pode clamar "*Abba*-Paizinho" quem se sente de fato Filho, e Filho num sentido absoluto, quer dizer, sem qualquer outro qualificativo. Seguramente é a primeira vez que em nossa galáxia, em nosso sistema solar e em nossa Terra alguém tem consciência de ser Filho de Deus-*Abba*. Os dois movimentos se encontram: o Filho, que de dentro da matéria em evolução vai se externalizando e ascendendo, se encarna e se faz homem e Jesus que acolhe, interioriza e se abre totalmente ao Filho e se faz Filho do Pai. Em sua vida, palavra e obra, revela o Mistério escondido, agora revelado na forma humana. Como Filho sente que o "Pai trabalha e que Ele trabalha com Ele" (Jo 5,17). Ao sentir-se Filho de Deus-*Abba*, criou a possibilidade de cada ser humano, homem e mulher, sentir-se também filho e filha de Deus, pois todos carregamos a mesma natureza humana que Ele carregou. Se esta é tocada pelo Filho, todos os membros desta natureza participam do Filho e se tornam também filhos e filhas de Deus no Filho. É o ponto alto da consciência e da percepção da dignidade do ser humano.

10.6. Seu propósito é anunciar um sonho: o do Reino de Deus. É a revolução absoluta que transforma todas as coisas e

as alinha ao desígnio do Mistério. O que é doente fica curado; o que está perdido é encontrado; o que pecou contra Deus experimenta a misericórdia divina. Até o vento e o mar lhe obedecem (Mc 4,39). Ele mostra poder sobre as dimensões sombrias da existência: a doença, o desespero e a morte. Nele as coisas começam a se renovar. O Reino foi aproximado (Mc 1,15) e iniciou um processo que somente acabará na transfiguração de todas as coisas.

10.7. Mas uma tragédia o persegue: "Veio para o que era seu, e os seus não o receberam" (Jo 1,11). Aquilo que apresentou era novo demais e exigia mudanças radicais. Entrou em confrontações perigosas com as autoridades religiosas e imperiais que o levaram à mais vergonhosa pena imposta a uma pessoa: a crucificação. Ele foi executado e não morreu de morte natural como um velho e sábio rabino, cercado de discípulos. Foi-lhe imposta a morte como condenação. A aceitação do assassinato judicial não lhe foi fácil, porque implicava a não realização de seu sonho. Por isso se entende que na cruz grita desesperado: *"Eloí, Eloí, lemá sabachthani!"* (Meu Deus, meu Deus, por que me abandonastes?) (Mc 15,34). Mesmo assim se despoja totalmente de si, de sua fé, de sua esperança e de seu sonho. Entrega-se ao Mistério sem nome: "Pai, em tuas mãos entrego o meu Espírito" (Lc 23,46). O Evangelista Marcos expressa a dramaticidade do momento: "Dando um grande brado, expirou" (14,34).

10.8. Mas Deus não o abandonou. Realizou em sua pessoa o sonho do Reino. Depois de ter-se esvaziado totalmente, pode ser plenificado também totalmente. O Pai e o Espírito o ressucitaram, mas é uma ressurreição que se limitou apenas à sua pessoa atingindo indiretamente a humanidade e a criação às quais está ligado, e continua ainda na velha ordem. Pela ressurreição se dá um sinal convincente, inaugural, de que o sonho não é vazio e que continua na forma de esperança e de processo histórico. Quem ressuscita é um fracassado, um destroçado pela tortura e um desfigurado pela crucificação. Tal fato sinaliza uma promessa de que o Reino também começa a se realizar em todos aqueles que tiveram o mesmo destino de Jesus: os injustamente humilhados e ofendidos. Estes são seus irmãos e irmãs no sofrimento e serão os primeiros a participar de sua nova vida.

10.9. A ressurreição é pessoal, mas, porque o Ressuscitado faz parte do universo e da Terra, ela adquire indiretamente uma dimensão terrenal e cósmica: os elementos todos do universo são tocados por esta transfiguração incoativa. Começou uma revolução na evolução, mas é apenas o início. O futuro ainda está aberto. O Filho encarnado, limitado ao espaço palestinense, fez-se pela ressurreição o Cristo cósmico enchendo todos os espaços do universo. São Paulo, com entusiasmo e certa exaltação, dirá que Ele é *panta en pasin*, quer dizer,

"tudo em todas as coisas" (Cl 3,11). O universo carrega dentro de si uma Energia potentíssima de animação, de coesão e de sintetização, que é o Cristo ressuscitado. O Reino que foi aproximado e que está em nosso meio mostra, de forma seminal e inicial, sua ação transformadora na pessoa de Jesus.

11. A personalização do Pai em José de Nazaré

11.1. O Deus Trindade inteiro se autocomunicou e veio à sua criação, irrompendo a partir de dentro. Ela foi excogitada para ser o corpo da Trindade. Veio o Espírito, encarnou-se o Filho. Agora é o Pai que irrompe de dentro de sua criação que Ele, a cada momento, sustenta e faz evoluir.

11.2. Embora as Divinas Pessoas atuem sempre juntas, há ações que são mais afins e, por isso, foram apropriadas por uma das Pessoas, no caso, pelo Pai. Assim todas são o Mistério que se quer revelar e autocomunicar, mas, na Pessoa do Pai, o Mistério aparece mais como Mistério enquanto Mistério, quer dizer, enquanto sempre escondido e irredutível. O Pai é inefável, mas é sempre Pai do Filho na força do Espírito Santo. O Pai não fala, quem fala é o Filho, a Palavra. O Pai trabalha (Jo 5,17) e a Ele se atribui a criação. Ao Espírito cabe ordená-la e animá-la. É pela ação criadora que o Pai sai de seu Mistério e vai se revelando dentro da criação em processo de evolução, embora permaneça sempre Mistério.

11.3. Numa pessoa da história humana, em José, o Pai projetou alguém que pudesse expressar seu caráter de Mistério e de trabalhador em sua criação. Essa pessoa não fala nem diz palavras; fala pelas mãos que trabalham. Ele apenas sonha. O sonho é a dimensão do profundo e do inacessível. Lá é o lar do Mistério. Usa as mãos como um artesão, carpinteiro e agricultor mediterrâneo. É profundamente piedoso a ponto de ser exemplar e referência para toda a comunidade; por isso todos o consideram "justo", expressão que na época queria designar a boa inserção na comunidade, com sinais claros de sabedoria e de virtudes.

11.4. Era viúvo com vários filhos que os evangelhos chamam de irmãos de Jesus (Jo 7,3.5), cujos nomes são conhecidos: Tiago e José, Simão e Judas (Mt,13,54). Encontrou uma moça jovem com sinais de gravidez. Temendo os comentários da vila, na qual todos sabiam tudo de todos, e a discriminação que poderia sofrer por aparecer grávida, compadecido, levou-a para sua casa. Esposa-a. Assumiu o filho que iria nascer. O símbolo disso na cultura judaica é impor o nome: impôs-lhe o nome de Jesus. Faz-se, desta maneira, pai da criança com as responsabilidades que cabem a um pai: prover as necessidades da casa, cuidar da educação, introduzi-la nas tradições do povo, fazê-la participar das festas religiosas e profanas como um casamento e ensinar-lhe a própria profissão de artesão e camponês.

11.5. Seu nome é José, José de Nazaré. Vive tão profundamente sua missão de pai que experimenta a Deus como o grande e misterioso Pai. Entretém com Ele uma intimidade, a ponto de passá-la depois a seu filho Jesus, que mais tarde começou a chamar a Deus de *"Abba*-Paizinho". Jesus só pôde chamar a Deus de *Abba* porque José viveu essa dimensão íntima de pai bondoso e terno. Sem a experiência de José como *Abba*, Jesus dificilmente chamaria a seu Deus de *Abba*-Pai. Esta era a sua experiência originária.

11.6. O universo inteiro se preparou para que essa pessoa tivesse tal sentimento radical. Ele se sentia unido ao Pai, mas tão unido que vivia uma identificação com Ele: Pai com pai. Mais ainda. José está representando todos os pais da história que, pelo fato de serem pais, vivenciaram Deus, ao lado de outras formas, como Pai bom e amoroso. Cada pai, no passado, no presente e no futuro, na Palestina, na Índia, na China, no Brasil, nos Andes, nos polos Norte e Sul, experimenta, de alguma forma, a Deus como Pai. Nesses pais, o Pai celeste se faz presente, em cada um, na sua forma própria e diferente, e está preparando a sua vinda plena e completa em José.

11.7. Tal evento de bem-aventurança se realizou na pessoa de José. O Pai se identificou com José. Dois movimentos novamente aí se encontraram: o Pai irrompeu de tal forma

para dentro da pessoa de José em sua paternidade, que a assumiu como sua. José mergulhou na paternidade do Pai de forma tão completa que se sentiu identificado com ele. O Pai se personalizou em José e José se paternalizou no Pai.

11.8. Eis a suprema glória: em algum lugar obscuro da Palestina, longe dos centros onde a história se passa, as notícias correm e os cronistas comentam, houve uma pessoa que chegou ao mais alto grau de sua experiência do Mistério como Fonte e Origem de tudo. Ele viveu tão radicalmente sua missão de pai provedor, cuidador, educador, trabalhador e esposo que nele irrompeu a consciência de que Deus é também Pai, Pai tão bondoso e amoroso que intimamente o vivia como *Abba*-Paizinho.

11.9. Agora por José o Pai está entre nós. Aquela Energia poderosa que tudo cria e sustenta, e que perpassa de ponta a ponta o inteiro universo e a cada ser, agora se personaliza na figura histórica do anônimo viúvo, artesão e camponês José. Sua figura é tão misteriosa que sequer sabemos quem era seu pai – Mateus diz que era Jacó (1,16) e Lucas, Heli (1,23) – nem onde nasceu nem quando morreu. Ele é um Mistério, apto para personalizar o Grande Mistério que é o Pai.

11.10. Não importa se ele tenha tido ou não consciência deste fato bem-aventurado, o importante é que o Pai operou

esta maravilha nele, personalizando-se nele e fazendo que ele experimentasse Deus como Pai, a ponto de sentir-se radicalmente unido a Ele. É o suficiente para podermos professar: José é a personificação terrestre do Pai celeste, e este se paternalizou no pai terrestre José.

12. Deus em todas as coisas, todas as coisas em Deus

12.1. Ao termo de nossa ascensão rumo à comunhão com o Mistério e da penetração do Mistério para dentro do universo em evolução, descobrimos que todos estamos no Mistério e que o Mistério está em nós. Nós somos o Mistério por participação.

12.2. A esta mútua presença, sem cada um perder a sua própria identidade, chamamos de *panenteísmo*. Panenteísmo – que não deve ser confundido com panteísmo – significa que Deus-Mistério está no mais íntimo de cada ser, e cada ser está no mais íntimo do Deus-Mistério. Tudo é pericorético, quer dizer, tudo realiza a pericórese (a inter-retro-penetração), que é a existência de todos com todos, com Deus, por Deus, para Deus e através de Deus. E Deus-Mistério realiza seu Mistério com o universo, pelo universo, por meio do universo e para o universo, ficando o universo sempre universo e Deus-Mistério sempre Deus-Mistério. Mas eles estarão para sempre entrelaçados e eternamente estarão em comunhão. Não há separa-

ção, só distinção. Não há um abismo que se interponha porque por todos os lados há pontes e redes de relações includentes. Diferente é a compreensão *panteísta*. Para ela, tudo é Deus: a pedra é Deus, o mar é Deus, o animal é Deus, o ser humano é Deus. Aqui se apagam as diferenças que podem levar a absurdos. No *panenteísmo* se afirmam as diferenças entre Criador e criatura, mas a presença de um no outro é tanta que, apesar das diferenças, sempre estão em comunhão e um dentro do outro.

12.3. Há uma linha que é interior e que se abre de dentro para fora: Maria, mulher de José e mãe de Jesus, exteriorizou o Espírito Santo, e já agora, por força dele, foi introduzida no Reino da Trindade, e se encontra irradiante, identificada com Ele. O feminino é divinizado e eternizado. Jesus, filho de Maria e de José, exteriorizou o Filho pela encarnação, e ressuscitado vive transfigurado, no Reino da Trindade. O masculino ganhou seu quadro definitivo e eterno. José, pai de Jesus e esposo de Maria, exteriorizou o Pai ao ser assumido pessoalmente pelo Pai eterno, e vive sumamente sua paternidade no Reino da Trindade. Enfim, por eles e com eles, as primícias do universo chegaram à Fonte originária de todo ser.

12.4. Há outra linha exterior, de fora para dentro: O Espírito veio morar definitivamente numa mulher, espirituali-

zou-a, interiorizou-se nela e eternizou todo o feminino da criação. O Filho pela encarnação se interiorizou em Jesus de Nazaré e por Ele todos os seres humanos, todos os elementos do universo começaram a ser divinizados, e o masculino a fazer parte de Deus. O Pai se internalizou por sua personalização em José de Nazaré, fazendo que toda paternidade universal fosse expressão do Mistério fontal do Pai. A Trindade celeste se internalizou na Trindade terrestre. A família divina se historizou na família humana. Deus Trindade, assim como é, está inteiro e sem resto entre nós. Veio de seu mundo eterno, e Maria, Jesus e José o receberam em seu mundo temporal.

12.5. Esse evento de infinita ternura é vivido sob a penumbra, própria do Mistério. Participa dos avatares do processo de evolução, penosamente se refez das dizimações, e jubilosamente triunfou sobre a força destrutiva do caos, transformando-o em força generativa. Do caos nasceu finalmente o cosmos.

12.6. *Et tunc erit finis.* "E então será o fim", quando tudo culminará. O Deus-Mistério que se externalizou, que se fez outro, que se fez não Mistério e que foi ao exílio, volta sobre si mesmo, carregando consigo a história do universo que se expandiu, se autocriou, se auto-organizou e se autotranscendeu. Agora só existe o Reino da Trindade, dentro do qual está o diferente criado que permitiu o Mistério mostrar-se como Mis-

tério, tornar-se aquilo que ele nunca tinha sido antes e enriquecer sua essência de Mistério sempre escondida e sempre aberta para acolher, incorporar e fazer que Deus Trindade seja tudo em todas as coisas.

2
Cristianismo e as eras da Santíssima Trindade

> O Espírito dorme na pedra
> Sonha na flor
> Sente no animal
> Sabe que sente no homem
> Sente que sabe na mulher.

1. A era do Espírito/Maria

1.1. O que é terceiro na ordem interna da Trindade, o Espírito Santo, faz-se primeiro na ordem externa da criação. Toda a Trindade baixa e entra na história. Mas o primeiro a tocar as fímbrias do criado foi o Espírito Santo. E com razão, pois é o *Spiritus Creator et Ordinator* aquele que pairava sobre o *tohuwabohu*, sobre o caos originário, e a partir dele pôs em marcha todas as energias e partículas elementares que permitiram todos os seres e todas as ordens dentro da evolução. Ele é a Fonte Originária que alimenta, sustenta, atravessa, empurra e atrai todo o processo cosmogênico para uma culminância ainda por ser realizada e revelada.

1.2. Tudo o que tem a ver com o amor como força de fascinação, atração e união, com a solidariedade que a todos inclui, com o perdão que reconcilia, com a comunhão que liga e religa tudo, com a fantasia criadora, com a inovação, com a invenção, com a criação, com a extrapolação, com a transcendência, com o êxtase, com a novidade, com a complexidade, com a ordem, com a beleza e com as mais variadas formas de vida, tem a ver com o Espírito. A inspiração é ação do Espírito. O entusiasmo pelo qual se tomam iniciativas é ação do Espírito. A resistência e a resiliência é a força do Espírito em ação. O êxtase que faz o ser humano extrapolar e atingir os níveis mais altos da consciência é irrupção do Espírito. O mergulho nas profundezas do Self é conduzido pelo Espírito. A corda-*topquark* que freme em trilhões de vibrações por segundo, as energias que se interconectam, os novos seres que emergem na evolução são todos efervescência do Espírito. Ele cria a diversidade e é responsável pela unidade. A multiplicidade dos seres e dos dons nos humanos por força do Espírito convergem para a união, a cooperação e a comunhão.

1.3. Sua atuação ganhou culminância quando no seio de Maria, após seu *fiat*, começou a produzir a santa humanidade de Jesus de Nazaré. Acompanhou-o em toda a sua vida, abriu-lhe a mente para o mundo, atuou na superação das crises próprias da juventude e da escolha de seu rumo de vida,

despertou-lhe o sentido do sonho que se propunha anunciar: o Reino de Deus. Na força do Espírito, Jesus fez obras maravilhosas: desde mudar água em vinho (Jo 2,9) até ressuscitar seu amigo Lázaro (Jo 11,44). Especialmente o Espírito propiciou que Jesus sentisse seu Deus como *Abba*-Paizinho, e a partir dele o entregou como experiência a todos os seres humanos.

1.4. O Espírito enche o universo e a face da Terra. Sopra onde quer (Jo 3,8). O missionário sempre chega depois, pois antes dele lá estava o Espírito, na história e no coração dos povos. Neles suscitava amor, perdão, solidariedade, ternura e cuidado por tudo o que vive e respira. Neles fez surgir as línguas, as artes, as músicas, os monumentos, as culinárias. Por Ele os sábios ensinaram e os místicos penetraram no Mistério de Deus.

1.5. O Espírito despertou as dimensões femininas de Deus na criação: o amor, o cuidado, a solidariedade, a sensibilidade por tudo o que vive, a capacidade de captar as mensagens que nos vêm de todos os lados do universo, da natureza, da Terra e de cada pessoa humana, o sentido de colaboração e de sofrer pelos outros, a força de gerar e de cuidar do mínimo sinal de vida, o sentido da beleza e da estética, o encantamento, a exaltação, a alegria pura e inocente e sua capacidade de captar o invisível e de sentir Deus a partir do corpo. Todas são mani-

festações do Espírito que nas culturas médio-orientais e em tantas outras foi percebido como energia divina da Entidade feminina.

1.6. A obra suprema do Espírito foi identificar-se amorosamente com Maria. Morou definitivamente nela. Interiorizou-se nela. Fez-se Maria, permitiu que ela se fizesse Espírito, porque se identificou com Ele. Houve uma total e completa extravasão do Espírito na criação e por Maria uma interpenetração final da criação no Espírito. Como Maria é parte do cosmos e nela estão presentes todas as energias, partículas e informações existentes no universo, o cosmos inteiro e a Terra foram tocados pelo Espírito.

1.7. O cosmos está a caminho de sua culminância. Esta ascensão se faz no jogo de caos e cosmos, de desordem e ordem, de criação e destruição, permitindo sempre o surgimento de novas ordens e de complexidades cada vez mais carregadas de propósito. É obra do Espírito fazer com que o cosmos sempre triunfe, que a ordem vença a desordem e a complexidade geste novos seres futuros. O Espírito tem sempre a ver com o futuro. Ele é o princípio do novo céu e da nova terra. Quando Ele se interioriza em toda a evolução em gênese, "o deserto se tornará vergel, o vergel, uma floresta; no deserto habitará o direito, e a justiça morará no vergel; o futuro da justiça será a

paz e a obra da justiça será a tranquilidade e a segurança para sempre" (Is 32,15-17). O novo nascimento é tributado ao Espírito (Jo 3,3-8). Vamos ao encontro de uma crescente espiritualização de toda a criação, repleta de dinamismo, de vida e de comunhão de todos com todos e com Deus Trindade. Agora a criação será um sistema plenamente aberto a acolher e a desfrutar a união mística com a Fonte Inesgotável de todo o Ser, sempre nova e sempre surpreendente. É mais que participar na vida do Deus Trindade, é um mergulhar no viver dele mesmo: um processo infinito de autorrevelação e de autorrealização do qual somos a parte criada e incluída.

1.8. Uma das grandes obras do Espírito foi não ter deixado morrer o sonho de Jesus, o do Reino de Deus. Foi o Espírito que animou os apóstolos desolados pelo fracasso de Jesus. Infundiu-lhes uma energia inusitada e surpreendente para continuar a anunciar o que Jesus anunciou e fez. A Igreja como comunidade de fiéis, como a temos hoje, é tanto fruto do Espírito quanto de Jesus. Ele queria o Reino e não intencionava a Igreja, mas com sua execução na cruz criou-se um vazio que se mostrou claramente nas palavras dos jovens de Emaús. Esperavam que viesse salvar o povo, mas infelizmente morreu miseravelmente na cruz (Lc 24,20). É o Espírito que vem e preenche esse vazio, gestando comunidades que se propõem seguir Jesus e tentar concretizar seu sonho do Reino. Elas

não são o Reino, mas se deixam inspirar pelo Reino anunciado por Jesus.

1.9. Sem o Espírito não se entenderia a ressonância que Jesus ganhou na história posterior. Foi o Espírito que levou as comunidades a descobrirem que por debaixo daquele homem fraco, gente do povo trabalhador, Profeta ambulante, na verdade, escondia-se o Filho encarnado do Pai. Até hoje continua esta descoberta feita por cada geração. Apenas lamentamos que não se respeite a forma como o Filho do Pai se revelou na história, no anonimato e na humildade. Começaram a enaltecê-lo de forma exacerbada, a ponto de não se reconhecer mais o Jesus de Nazaré. O Cristo da fé engoliu o Jesus da história. Esta evolução trouxe problemas até os dias de hoje. O Filho se fez carne quente e mortal. A teologia institucional fez da carne um espírito transcendente e longínquo da condição humana concreta. Por isso, o próprio Espírito nos ajuda a resgatar o Jesus de Nazaré, a encarnação do Filho do Pai em nossa miséria. Podemos dizer o que quisermos de Cristo, mas não podemos nunca negar o fato e a verdade de que o Filho do Pai se encarnou em nossa situação humana, contraditória, marcada por mil limitações, angústias e alegrias. Ele foi um pobre entre os pobres, não um sacerdote entre os sacerdotes e um escriba entre os escribas. Como diz o poeta Fernando Pessoa: "Jesus não entendia nada de contabilidade; e não consta que tivesse biblioteca".

2. A era do Filho/Jesus

Jesús,
Te alabo por mil veces
Por que fuiste rebelde
Luchando noche y dia
Contra la injusticia de la humanidad
(Misa campesina nicaraguense).

2.1. A era do Filho é a que mais visibilidade ganhou na história. É de sua natureza o Filho ser o revelador do Mistério e por isso aquela Pessoa que mais avulta porque penetra nas obscuridades mais radicais da matéria e se enraíza na história pela via da encarnação no homem Jesus de Nazaré.

2.2. Provavelmente o Jesus histórico não se reconheceria em nada daquilo que fizeram dele após sua vida, morte e ressurreição. De humilde artesão, camponês, Profeta ambulante, Servo Sofredor, sentir-se-ia estranho face a todos os títulos que lhe agregaram, vindos especialmente do campo que mais criticou e condenou: do poder. Ficaria escandalizado e condenaria veementemente, quem sabe com o chicote em mãos, a pompa e a magnificência palaciana dos que se apresentam como seus representantes diretos e que burocraticamente e sem amor presidem a comunidade cristã. Não seria sobre tais

excrescências que se construiria sua Igreja, mas sobre sua fidelidade até o fim ao Deus-*Abba*, sobre seu sonho do Reino de Deus cujos primeiros destinatários são os pobres e oprimidos, sobre alguns sinais impactantes que fez sempre em favor da vida, especialmente dos mais sofredores, e principalmente sobre sua ressurreição. Tais eventos permitiram crer e esperar: nem tudo acabaria na cruz. Algo do Reino não sucumbiu com a liquidação de seu proclamador; pelo menos se realizou seminalmente em sua pessoa.

2.3. Com isso se abriu um espaço histórico para que surgissem seguidores e comunidades que levassem avante a sua causa. Agora não é mais a mentalidade apocalíptica que vai predominar, aquela do Jesus histórico, mas aquela da história, aberta para o futuro, da missão e da conversão de pessoas como o ilustra exemplarmente os Atos dos Apóstolos. No sentido desse interesse de difusão da mensagem e do significado da pessoa de Jesus surgiu a *cristologia*. Ela é um esforço intelectual de aprofundar o significado da gesta de Jesus, com o risco de esquecer sua origem humilde e cair no processo comum da época, de magnificação das figuras consideradas heroicas. Grande parte da cristologia incorreu neste risco tornando quase irreconhecível o Jesus histórico. A cristologia se fez às custas da jesuologia.

2.4. A cristologia seguiu mais ou menos o seguinte percurso: começou atribuindo a Jesus os títulos mais comezinhos e humanos como Mestre, Profeta, justo, bom, santo. Chegaram aos mais sublimes e divinos como Filho do Homem, Messias-Cristo, Filho de Deus, Senhor, novo Adão, Salvador do mundo, Cabeça do cosmos e até Deus mesmo lá pelo final do século I com o Evangelista João. Num curto espaço de 50 anos após sua execução, os pensadores cristãos fizeram com que quase todos os títulos de glória e honra, divinos e humanos que existiam na cultura judaica, helenística e imperial, fossem tributados a Jesus. A partir deste processo de exaltação se releu toda sua história e se criou uma aura sobrenatural e divina até de seu humilde nascimento, acontecido muito provavelmente em Nazaré e não em Belém. Esta estratégia de magnificação, em contradição com as origens anônimas do Profeta e Servo Sofredor, foi levada avante de forma sistemática pelos que detinham poder nas comunidades. Corriam cadernos com seus ditos, outros com relatos de milagres, estoutros com suas parábolas e um escrito mais longo narrando a paixão, a crucificação e a ressurreição. Todo este vasto material ganhou forma literária nos quatro livros evangélicos de Marcos, Mateus, Lucas e João. Seu gênero não é historiográfico, quer dizer, não pretendem escrever uma biografia, mas dar testemunho e fazer proselitismo, no bom sentido da palavra, com a intenção de difundir a vida, a obra e a mensagem de Jesus e de

conquistar adeptos. Para este efeito se costuraram e amalgamaram todos os elementos elencados acima, mas dentro de um quadro de espantosa e profunda reflexão teológica. Disso resultaram os quatro livros, chamados de evangelhos, literatura altamente interessada em proclamar e exaltar Jesus de Nazaré, cada um enfatizando uma perspectiva diferente que correspondia à ideia dominante nas comunidades em que maduraram.

2.5. Paralelamente a este processo exaltatório, corria outro, ligado à memória das origens familiares e pobres de Jesus. É o cristianismo de base popular que sempre existiu ao longo de toda a história. Seus portadores cultivavam a imagem de Jesus Profeta ambulante, contador de histórias, curandeiro, libertário face às tradições e ritos dominantes, pregador perseguido, caluniado e ameaçado de morte. A figura central é a cruz e o Crucificado. Pouco se fala da ressurreição, vista apologeticamente como prova de que Jesus era Deus. Esta tradição gerou uma espiritualidade de seguimento de Jesus na humildade e na total entrega ao Pai. Sempre enriquecida com novos elementos culturais, criou a história da piedade ao redor da veneração e da adoração de Jesus. Encontrou na vida religiosa masculina e feminina e no monaquismo de diferentes versões sua expressão histórica, mas em estratos pobres, escravizados e populares, especialmente nos países colonizados pe-

los europeus, ganhou uma centralidade notável. Viam no Jesus sofredor, torturado e crucificado a sua própria situação de explorados ou de escravos. Trata-se do cristianismo popular, que deve ser entendido em seu valor próprio, dentro dos parâmetros da cultura popular e não como decadência do cristianismo dito oficial.

2.6. De todas as formas, por acertos e desvios, a figura de Jesus se transformou num arquétipo fundamental da condição humana em busca de redenção e a referência mais luminosa da cultura ocidental. Com isso penetrou fundo no inconsciente coletivo e começou a ser entendido não mais como patrimônio das igrejas e do mundo ocidental, mas da humanidade inteira. Transformado em arquétipo, sempre ressurge sob outros nomes, formas e significados.

2.7. Qual foi a grande obra do Filho Jesus para a humanidade e para o processo da evolução? Em *primeiro lugar*, estender a todos os humanos a consciência de que são filhos e filhas de Deus. Eis a suprema dignidade que sobre-eleva o ser humano acima de todas as coisas, estruturas e forma de poder. Como filho e filha ele se encontra imediatamente diante de Deus, sem qualquer outra mediação. Em *segundo lugar*, permitiu tirar as consequências do fato de sermos filhos e filhas de Deus: somos de fato e naturalmente todos irmãos e irmãs

uns dos outros; aqui não valem as diferenças de origem, o *status* social, os privilégios e os elementos discriminatórios. Todos são colocados num mesmo patamar de irmandade. Tal ótica funda uma nova ética que é a de tratar humanamente os seres humanos porque todos são irmãos e irmãs. Em *terceiro lugar*, o fato de sermos fihos e filhas, irmãos e irmãs nos confere uma dignidade e sacralidade ímpar que encontra em Deus sua última raiz e justificação. Todos são dignos, sagrados e intocáveis porque neles todos há a marca de Deus Filho. Carregam dentro de si a potencialidade de serem também assumidos pelo Filho de forma que começam a fazer parte da família divina. Em *quarto lugar*, este conjunto de valores forneceu a base para uma forma de convivência que visa reger-se pela igualdade, pela equidade, pela justiça e pela fraternidade. Estes valores se encontram na base da democracia. Em *quinto lugar* foi mérito de São Francisco de Assis, no século XIII, que viveu radicalmente o seguimento de Jesus e o Mistério da Encarnação, perceber a dimensão cósmica da irmandade universal. Se todos vêm do mesmo Pai e se todos são irmãos e irmãs do Filho Jesus, então as demais criaturas têm a Deus também como Pai e são nossos irmãos e irmãs, desde a lesma que penosamente cruza a estrada, até o Sol, a Lua e as estrelas mais distantes; por isso há uma irmandade terrenal e cósmica. O ser humano não está enclausurado em seu pequeno mundo humano, convive com a grande comunidade de

vida e inclui em seu amor todos os seres da criação. Tudo se cristifica. Enfim, a encarnação do Filho de Deus em nossa miséria não quer dizer outra coisa que isto: todos pertencemos à família divina, somos do Deus Trindade; quando chegarmos ao fim de nossos dias, o Filho mesmo nos vem buscar e nos levará a casa à qual, desde sempre, pertencemos. E aí viveremos divinizados eternamente.

2.8. À base desta experiência de uma irmandade cósmica, os mestres franciscanos medievais e modernamente, sob a influência de Pierre Teilhard de Chardin, elaboraram suas teologias nas quais o Cristo não aparece reduzido ao espaço palestinense, nem confinado ao mundo humano, senão que é visto dentro do Mistério da criação, no próprio processo do universo. A partir do primeiro momento em que surgiu a matéria, aí estava seminalmente Jesus que veio crescendo e galgando as várias etapas da evolução, conhecendo seus recuos e seus avanços até irromper na consciência de um pobre camponês e artesão de que ele é Filho do Deus-*Abba*. De forma oculta, Ele é o Cristo cósmico, cuja energia crística continua presente na matéria em evolução. Jesus de Nazaré seguramente não sabia nada disso, nem precisava sabê-lo. Essas dimensões iam muito além de sua consciência possível. Basta que o Filho tenha feito de Jesus o sujeito capaz de recebê-lo quando se dispusesse emergir da matéria e se autocomunicar inteiramente. Entretanto, não se comunicou como quem invadiu o espaço

do outro. Assumiu alguém que se sentia Filho porque invocava a Deus como *Abba*-Paizinho, fez-se um ser-para-os outros, pôs-se a serviço de um sonho, entendido como a grande proposta de Deus: o Reino. Esse ser humano, Jesus que se sente Filho, é já a presença do Filho encarnado. Então o Filho se fez Jesus. Jesus se fez o Filho. Realizou-se a interiorização do Filho de Deus na história humana, acontecido no anomimato e na obscuridade de uma vida cotidiana, longe das rodas teológicas e das falas fúteis, próprias das cortes, dos palácios, dos poderosos e das cúrias religiosas.

2.9. A encarnação do Filho se deu em Jesus que foi rejeitado, Ele e sua causa, o Reino. O que seguiu foi o cristianismo. Ele também obedeceu a lógica da encarnação nas pessoas, nas diferentes culturas e línguas, nas filosofias e nas visões de mundo. Assim se encarnou em expressões doutrinárias como a *Suma Teológica* de Santo Tomás de Aquino, em obras artísticas, em artes plásticas e arquitetônicas, como o românico, o gótico, o barroco e na extraordinária arte renascentista, nas estátuas dos profetas de Aleijadinho, em obras literárias como a *Divina Comédia* de Dante Alighieri, nas músicas de Bach e do Padre José Maurício, em catedrais como a de Chartres, de Paris e de Brasília e em monumentos como o Cristo do Corcovado e o próprio edifício suntuoso do Vaticano. Todas estas obras mostram a força histórica da encarnação.

2.10. Mas a sua expressão suprema se realiza nos pobres e oprimidos com os quais Jesus se identificou. Eles são os privilegiados de Jesus, os destinatários primeiros de sua mensagem e de seu amor. Onde estão os pobres, aí está Jesus. Em seguida, Jesus se faz presente naqueles seguidores que vão viver entre os pobres e oprimidos, fazendo-se um deles, carregando com eles a paixão de Jesus que clama por ressurreição. Sofrem, são incompreendidos, presos por subversivos, torturados por revolucionários e assassinados como inimigos do povo e da religião. Estes são os que mais encarnam o Filho na forma de Servo Sofredor e de Profeta Perseguido. Ao se encarnar, o Filho Jesus também se limitou àquela cultura, àqueles espaços ecológicos, às possibilidades daquela língua e ao caráter provinciano de seu povo. Mesmo limitado, não ficou aprisionado àqueles constrangimentos, pois a força crística que dele irradiava rompia todas as barreiras e encontrava outros caminhos na história, como encontrou e irá ainda encontrar, até que um dia, que só o Mistério saberá quando, Ele, o Filho Jesus, irromperá em sua plena revelação. E nós como Ele e com a sua comunidade humana e cósmica.

3. A era do Pai/José

3.1. O Pai é o que mais representa o Mistério em si. Aquele que sempre se retrai: "A Deus Pai ninguém viu; o Filho Unigênito que está no seio do Pai foi quem no-lo deu a conhecer"

(Jo 1,18; 6,46; 1Tm 6,16; 1Jo 4,12). É pelo Pai que Deus se mostra Mistério para Ele mesmo. Por isso, prenhe de futuro, de promessas, de possibilidade de autocomunicação. O Pai não existe sem o Filho. O Sopro (como a própria palavra o sugere), o Espírito, representa a relação entre Pai e Filho. O Pai é Pai não primeiramente por ser criador, mas por ser eternamente, antes da criação, o Pai do Filho. Se não houvesse o Filho não haveria o Pai. Portanto, é o Filho que tira o Pai de seu Mistério insondável e no-lo dá a conhecer: "ninguém conhece o Pai senão o Filho" (Mt 11,27; Lc 10,22). Essa foi a grande obra de Jesus que, ao sentir-se Filho, descobre Deus não apenas como criador do céu e da terra, mas como Pai do Filho e Pai de extrema bondade e intimidade: *Abba*. A mútua comunhão é tão completa que Jesus podia confessar: "eu e o Pai somos uma coisa só" (Jo 10,30). Mas o Filho nunca está só. Junto com o Filho irrompem os demais filhos e filhas do Pai. Jesus é "o primeiro entre muitos irmãos e irmãs" (Rm 8,29). Esta paternidade se estende pelo universo como Energia misteriosa e amorosa que sempre está aí, projetando novos seres, sustentando cada criatura e subjacendo silenciosamente a todos os processos.

3.2. O Pai é o protótipo do amor, da misericórdia, da acolhida do filho pródigo e do cuidado para com os pequeninos. Jesus não elaborou nenhuma doutrina sobre o Pai. Viveu a experiência de ser Filho do Pai, Pai que por intermédio dele se

aproxima dos caídos e perdidos para oferecer-lhes a alegria de seu Reino e da salvação. Ao justificar um milagre em dia de sábado, Jesus revela sua atitude de relação íntima com o Pai: "Meu Pai trabalha até o presente e eu trabalho também" (Jo 5,17). Esse Pai é de tanta bondade para com todas as criaturas que mostra características de Mãe. O Pai do Filho Jesus é Mãe de infinita ternura e misericórdia. Por isso Deus, na experiência de Jesus, pode ser invocado também como Mãe, pois tem todas as características das mães que cuidam, amam até o extremo e são capazes de morrerem por seus filhos e filhas. O Deus de Jesus é um Pai maternal ou um Deus que é Mãe paternal.

3.3. A afirmação da paternidade fontal que origina a filiação de todos no Filho nos faz descobrir a irmandade universal e a comunhão entre todos. Se abandonarmos esta filiação trinitária e a igualdade de todos os filhos e filhas, cairemos fatalmente na figura do Pai patriarcal, criador de todos, mas ficando só e único, concepção que foi historicamente manipulada para fundamentar o autoritarismo, o paternalismo e o machismo que tanto mal causaram e ainda causam à humanidade. Com razão diz Jesus: "Não chameis de pai a ninguém na terra porque um só é vosso Pai, aquele que está nos céus" (Mt 23,9). A única religião do Pai é aquela que, junto com o Filho, inclui os filhos e filhas formando a grande família de iguais, pela coesão e harmonia suscitada pelo Espírito.

3.4. Tudo o que tem a ver com a paternidade na história da vida, seja humana e não humana, está vinculado ao Pai. Tudo o que concerne ao cuidado, à providência e ao curso da evolução guarda uma relação essencial com o Pai, mas também tudo o que encerra Mistério que desafia nosso entendimento e que nos leva a passar de horizonte a horizonte sem jamais cessar o conhecimento, ficando o Mistério sempre Mistério impenetrável, é uma forma como o Pai-Mistério se deixa entrever na história. Sua ausência nos remete à sua presença misteriosa.

3.5. Pertence à obra do Pai como Mistério absoluto ser vivido sem ser nomeado conscientemente. Ele é a fonte escondida de todos os caudais. Estes remetem à origem, embora ela mesma esteja escondida e invisível neles. O *ignotus Deus* das religiões é o próprio Pai sob mil nomes diferentes, mas acolhido e adorado como a Última Realidade, misteriosa, amorosa e fontal. Pertence à obra do Pai suscitar em nós o insaciável desejo de um Útero Acolhedor no qual todos os absurdos se aclaram, todos os medos desaparecem e toda ternura é vivida como suprema felicidade e paz sem fim.

3.6. Por fim, cabe à era do Pai levar a cabo a obra do Filho, a instaurar finalmente, na inspiração do Espírito, o Reino que será então o Reino da Trindade. Esse Reino começou na pes-

soa de Jesus e continua na realização da justiça dos pobres e oprimidos com a coragem e a resiliência que o Espírito Santo sempre suscita. De Pai Misterioso, o Pai se faz padrinho dos humildes e abandonados. Ele se faz mais presente naqueles cuja filiação é mais negada. Ela representa um desafio ao próprio Pai para mostrar-lhes todo seu amor, compaixão e misericórdia como o fez para com os escravizados no Egito.

3.7. Num homem trabalhador, silencioso, de mãos calosas, chamado de justo, pois tudo o que fazia era bem-feito, a ponto de ser uma referência comunitária, pai exemplar que introduziu seu filho na piedade familiar e nas grandes tradições dos pais da fé, que conviveu com Maria e a amou, enfrentando com ela as ameaças de morte do menino, e que com ela foi ao exílio e viveu a vida cotidiana de toda família piedosa judaica: José. Neste homem o Pai encontrou o suporte que podia acolher e aguentar a sua total presença. O Pai se autocomunicou totalmente a José. Fez-se José. Este, em sua humildade, sem nada entender, mas inteiramente entregue aos desígnios do Mistério, acolheu o Pai em si, fez-se Pai personalizado. O Pai deixou sua transcendência, abandonou sua misteriosidade e com o Filho e o Espírito quis entrar na história humana e cósmica para emergir a partir de dentro dela. Agora a família divina se funde com a família humana, guardadas as diferenças de natureza de cada uma das pessoas. Mas o Deus

Trindade inteiro finalmente atendeu a súplica de todos os corações e de todos os séculos de poder sentir e conviver com a Primeira e Última Realidade: "Deus, revela tua face, mostra-te assim como és, como amor, comunhão e compaixão".

3
Cristianismo e Jesus

1. Uma experiência originária: o fim se aproxima

1.1. Pressuponho o conhecimento crítico das fontes bíblicas, das teologias subjacentes aos atuais evangelhos, a devoção e a reflexão de mais de dois mil anos, para responder à seguinte indagação: O que Jesus realmente quis quando passou entre nós? Quem foi Ele, finalmente? Por que ganhou a importância histórica que possui?

1.2. Antes de mais nada, como todos os acontecimentos, precisamos situar Jesus dentro do tempo cosmogênico, biogênico e histórico. Ele é fruto de tudo que veio antes dele. É uma de suas melhores florações, embora Ele mesmo não se tenha apresentado desta forma e sequer tivesse consciência disso.

a) *Jesus no tempo cosmogênico, biogênico e histórico*

1.3. Em primeiro lugar, Jesus foi filho da história cósmica, pois nele estão presentes todas as energias e os elementos

físico-químicos que compõem todas as coisas, desde os conglomerados de galáxias, as estrelas mais distantes, o Sol e a Terra, até o nosso próprio corpo. O ferro que corria em suas veias, o fósforo e o cálcio que fortaleciam seus ossos e seus nervos, o nitrogênio e o azoto que garantiam seu crescimento, os 65% de oxigênio e os 18% de carbono que compunham sua realidade corporal e outros tantos elementos físico-químicos fazem com que Jesus seja realmente um ser cósmico.

1.4. Como o universo não possui apenas exterioridade, mas também interioridade e subjetividade, fruto da rede de relações de todos com todos e do aprendizado e das informações que daí surgem e que vão se acumulando, podemos dizer que a profundidade psíquica de Jesus vem habitada pelos movimentos mais primitivos do inconsciente cósmico, mineral, vegetal, animal e humano, pelos sonhos mais arcaicos e pelas paixões mais originárias, pelos arquétipos mais profundos e pelos símbolos mais ancestrais. Como todos os humanos, Jesus também foi um africano porque foi na África que irrompeu a espécie humana e a consciência.

1.5. Numa palavra, Jesus é também produto da grande explosão inicial – o *big-bang* –, com os desdobramentos que então ocorreram. E na história recente suas raízes se encontram na Via Láctea, sua casa no sistema solar, seu berço no

planeta Terra, sua localização geográfica na Palestina e sua morada em Nazaré. Como qualquer outro ser humano, Ele é filho do cosmos e da Terra.

1.6. Como os demais seres humanos, Jesus é animal, da classe dos mamíferos, da ordem dos primatas, da família dos hominidas, do gênero homo, da espécie *sapiens* e *demens*. Seu corpo é uma máquina de quatrocentos bilhões de células, controlada e procriada por um sistema genético, que se constituiu no curso de uma evolução natural longa, de 3,8 bilhões de anos, data do surgimento da vida; o cérebro com o qual pensou com mais de 50 bilhões de neurônios que fazem cem trilhões de conexões; a boca com a qual falou, a mão com a qual tocou, são órgãos biológicos, marcados por um sofisticadíssimo processo evolutivo até chegarem a formá-lo.

1.7. É filho ainda da história da humanidade, como o expressam à sua maneira as genealogias dos evangelhos, religando Jesus a Adão (São Lucas) com toda a subjetividade e espiritualidade que caracteriza a vida humana. É filho de Abraão (São Mateus), membro do povo hebreu, com sua experiência singular de Deus, povo portador de sonhos e utopias, maduradas nas experiências religioso-políticas da servidão egípcia e do cativeiro babilônico, povo de profetas, mártires e poetas, dos maiores de toda a humanidade.

1.8. Por fim, Jesus é filho de Míriam, adotado por seu esposo José, ambos representantes da cultura judaica de seu tempo. Pensou e agiu com os recursos que sua cultura lhe oferecia. Mesmo o fato de ser a encarnação do Filho do Pai não anula esta sua condição histórica. Ao contrário, vem reforçá-la porque o próprio Concílio de Calcedônia (451), que transformou em doutrina oficial essa convicção, sustenta que Jesus sempre foi em tudo verdadeiramente homem, como qualquer outro homem, sem nunca ter rompido sua relação com o Pai.

1.9. Jesus é um homem e não uma mulher. Como homem carrega as experiências acumuladas do encontro de gêneros sempre tensas e, não raro, conflitivas, com as qualidades singulares do homem, com uma forma própria de sentir, de pensar e de dizer o mundo, e também com suas limitações. Sendo homem carrega dentro de si sua dimensão feminina, realidade constitutiva de cada ser humano junto com a dimensão masculina. Esta dimensão feminina se mostrou pela forma como entende Deus-*Abba* com características de mãe, pelo sentido espiritual que confere a tudo o que faz, pelo cuidado para com os que sofrem, pelo carinho para com as crianças, pelo amor e pela amizade para com Marta, Maria e Lázaro e pela sensibilidade diante do lírio dos campos e da vinha. A presença destas duas energias lhe permitiu uma experiência mais global e

completa do que seja o ser humano, homem e mulher, diferentes, mas em permanente relação de reciprocidade, de complementação e de tensão dialética.

1.10. Todas essas camadas de realidade, da cósmica à hebraica e familiar, estão presentes e inter-retro-conectadas em Jesus. Sem elas ou fora delas Jesus não seria concreto, aquele que peregrinou nas poeirentas estradas da Palestina, anunciando um novo estado de consciência, que somos de fato todos filhos e filhas de Deus e operadores de um Reino construído sobre a justiça a partir de pobres e marginalizados, do amor incondicional, da fraternidade/sororidade universais, da compaixão, do perdão ilimitado e da paz duradoura. Jesus, como muitos artesãos e camponeses, viveu a resistência radical, mas não violenta, contra o desenvolvimentismo urbano de Herodes Antipas e contra o comercialismo rural de Roma na Baixa Galileia, uma das terras mais férteis do mundo, no final dos anos 20 de nossa era. O contexto mais geral vivido por Jesus era a acirrada oposição por parte da pátria judaica ao internacionalismo cultural grego e ao imperialismo militar romano.

b) *Jesus, um homem de seu tempo: um apocalíptico?*

1.11. Em termos de visão de mundo, Jesus foi um apocalíptico. Esta visão apocalíptica era típica de muitos de seu tem-

po. Ela se refere a uma verdade escondida, mas que vai lentamente se revelando, de que estamos próximos ao fim dramático da presente ordem, que abrirá espaço ao surgimento alviçareiro de uma nova configuração, introduzida por Deus mesmo, chamada de Reino de Deus. Esse será "o dia do Senhor", como se dizia nos círculos apocalípticos.

1.12. Os apocalípticos como Jesus faziam a seguinte leitura do mundo: este mundo chegou a tal ponto de degradação que está próximo de seu fim; mas Deus resolveu intervir de forma libertadora, liquidando todas as maldades e inaugurando o Reino de Deus, de justiça, de amor e de paz perpétua. E o fará por meio de uma figura singular, o Messias libertador junto com sua comunidade. Sua ação será executada num contexto de grande dramaticidade, com enfrentamentos entre os povos, tremores de terra, convulsão nos céus e principalmente com tentações para os bons e os eleitos. A situação é de urgência, pois a irrupção poderá acontecer de surpresa e a qualquer momento; por isso há que estar preparado, mas ela será uma alegria para todo o povo (Lc 2,18). Jesus assumiu esta visão de mundo, daí se explica o caráter radical e urgente de sua pregação e de sua prática.

1.13. Jesus não pregou a Igreja, mas o Reino de Deus. Sua intenção se dirigia à humanidade e não se restringia a uma porção dela, ao judaísmo ou à Igreja. Não visava uma nova re-

ligião, mas um homem novo, uma mulher nova, um novo céu e uma nova terra. Tudo estaria submetido à política de Deus para a sua criação, traduzida como a presença inaugural do Reino de Deus. Esse Reino se confronta continuamente com o império, que é a força do negativo, a situação atual do mundo e da criação, submetidos às energias de opressão, de rejeição, de pecado e de morte. Há entre ambos um embate permanente, e Jesus se sente envolvido nele.

c) *Uma metáfora: um meteoro destruidor se aproxima*

1.14. Para concretizar a visão apocalíptica, entender sua lógica interna, seu caráter de urgência e a exaltação dos ânimos que provocava, damos um exemplo, possível de ser vivido em nosso tempo, marcado por convulsões naturais e ameaças de extermínio de espécies e da própria civilização humana.

1.15. Imaginemos o seguinte cenário, ocorrido inúmeras vezes na história da Terra: astrônomos de várias partes do mundo detectam claramente um potente meteoro rasante que se dirige, velozmente, em direção à Terra, *Apophis 2036*, que pode ser também qualquer outro. Seu tamanho é de tal proporção que poderá devastar perigosamente a biosfera e pôr em risco o futuro da humanidade. O último, de grande proporções, aconteceu há 65 milhões de anos, quando um meteoro de quase 10km de extensão caiu no Caribe, provocando um

verdadeiro *armagedon* ecológico. Por dezenas e dezenas de anos, o sol se obscureceu e os climas da Terra mudaram completamente. Os dinossauros que reinaram, soberanos, por 133 milhões de anos sobre a Terra, foram rapidamente exterminados.

1.16. Diante de tal situação de urgência, praticamente, não há nada a fazer, senão esperar e se preparar para a catástrofe coletiva. Pelos cálculos da comunidade científica, dentro de um espaço de tempo muito curto, esse asteroide se precipitará, incandescente, na atmosfera terrestre. As consequências são imprevisíveis, mas de todas as formas devastadoras e aterradoras. Poderemos ser todos destruídos, impossibilidando a nossa sobrevivência sobre a Terra.

d) *A destruição criativa: o Reino se inaugura*

1.17. Que atitude tomar? Desesperar? Esperar um milagre divino de última hora? O Sistema Terra não é aberto e, por isso, não nos poderá preparar uma surpresa, surgida da Energia de Fundo do universo? Deus não poderá aproveitar a destruição inevitável para inaugurar uma nova ordem mais includente e benfazeja para todos? Ou intervir, liquidar o império e seus malfeitos e garantir um fim bom para sua criação?

1.18. Podemos imaginar as muitas reações possíveis dos seres humanos face a essa realidade terminal. Há os que se deses-

peram e, com medo de morrer, se matam. Há os gozadores, como no tempo de Noé, que dirão: "comamos, bebamos porque amanhã morreremos" (cf. 1Cor 15,32). Há os descrentes que continuam como se nada fosse acontecer, dizendo que tudo isso não passa de uma piada que a comunidade científica lançou para a humanidade, fazendo projetos para o futuro, jogando nas bolsas de valores, investindo em grandes empreendimentos, negociando e acumulando riqueza. Há os pregadores de conversão e penitência como João Batista, pois junto com a morte coletiva vem o juízo severo de Deus que punirá os maus e premiará os bons. E há, por fim, aqueles que, como Jesus, tomam a sério a iminência do fim, mas lhe conferem uma interpretação altamente alviçareira: esse meteoro rasante fará com que "o tempo da espera tenha expirado, o Reino está chegando, mudemos de vida e creiamos nessa boa notícia" (cf. Mc 1,15).

1.19. Portanto, o fim é inevitável, mas não precisa ser desastroso; apesar da desolação da tribulação, apresenta-se a ocasião propícia para Deus, enfim, destruir o império da maldade e inaugurar o novo céu e a nova terra, o seu Reino definitivo. Mas, cuidado, só temos este curto lapso de tempo para nos preparar e assim ir, não para a morte, mas para o encontro da Fonte de Vida, para o Reino que vem dos céus, trazido por Deus por ocasião da queda de um meteoro rasante, aniquilador da velha humanidade.

1.20. Esse é o mundo mental de Jesus, o contexto psicológico e cultural de sua atuação, no quadro da visão apocalíptica. O tempo é de não ter mais tempo. Tudo é urgente. As mudanças radicais são iminentes. E elas serão, segundo Jesus, boas e até ótimas. Finalmente, os sonhos ancestrais de um novo mundo e as visões de uma nova humanidade, aberta e fiel a Deus, de uma sociedade de "fraternura" dentro de um universo reconciliado, irão florescer. O tempo da espera expirou. Enfim!

e) *O que a visão apocalíptica trouxe de bom*

1.21. O importante, entretanto, não é reconhecer o fato de Jesus ter assumido a visão apocalíptica como poderia ter incorporado outra qualquer, também em voga em seu tempo. O decisivo é captar a experiência que Ele elaborou dentro deste tipo de visão e deste contexto psicossocial. Que significado Ele lhe conferiu? Ele traduziu esta experiência na forma de uma mensagem luminosa e de uma prática ética generosa que nos impactam até os dias de hoje. Esta experiência deu origem ao movimento de Jesus que nunca mais deixou a história. Dele surgiram as comunidades e as igrejas, que alimentam os vários caminhos espirituais que se sentem na herança de Jesus.

1.22. Esta experiência originária de Jesus se expressou por um sonho (1), por uma prática (2), por uma mensa-

gem (3), por uma ética (4), por um destino (5) e por uma comprovação (6). Todos os textos do Segundo Testamento, especialmente os quatro evangelhos, bem como todas as expressões posteriores, de diferente natureza, intelectual, artística e ética, são tentativas de compreensão, interpretação e tradução desta experiência originária de Jesus.

2. Um sonho: o Reino de Deus

2.1. É o sonho que confere sentido à vida de uma pessoa e de uma comunidade. O sonho é a parte mais decisiva da vida. Somos todos feitos dos materiais dos sonhos pessoais e coletivos, por isso o sonho faz parte essencial da realidade humana. Esta possui um lado factual, concreto, sempre fechado, e outro virtual, possível e sempre aberto. O factual é um sonho realizado. O sonho é aquilo que ainda não pôde acontecer e que forceja para irromper e fazer história. O que nos move são os sonhos, aquilo que ainda não é, mas que pode ser e será. Jesus foi devorado por um grande sonho: o Reino de Deus. Ele não se pregou a si mesmo, nem a Igreja, nem propriamente a Deus, pura e simplesmente. Ele proclamou: "O tempo da espera expirou. O Reino de Deus está chegando. Mudem de vida. Creiam nesta boa notícia" (Mc 1,15). Nisso Ele se diferencia de João Batista, do qual possivelmente tenha sido discípulo, ainda com uma passagem provável pelas cavernas dos essênios em Qumran, junto ao Mar Morto, ascetas rigorosos com alta

moralidade e valores ligados ao amor e ao perdão. João, este anunciava o juízo iminente e a conversão necessária. Jesus, ao contrário, sentia que por aí não ia o seu caminho; por isso proclama a alegria do Reino que já está a caminho e que vai se realizar na medida da adesão e da conversão dos ouvintes.

2.2. Reino de Deus ocorre 122 vezes nos evangelhos e 90 na boca de Jesus, o que revela que esta expressão resume seu sonho. O sonho responde às expectativas mais profundas da busca humana. Todos sofrem com as divisões e os ódios, anseiam por união e paz; penam sob o peso das maldades humanas, carregando o fardo pesado do trabalho cotidiano, o preço necessário para a sobrevivência; querem participar de uma convivência harmoniosa, temem as doenças e fogem da morte; experimentam a natureza rebelada e anseiam vê-la serena e amiga da vida; buscam uma existência saudável e sonham com uma vida feliz; querem estar bem com Deus e senti-lo no dia a dia da vida. E Ele sempre se dá, mas também se retrai. E isso dói. Quando revelará sua face bendita? Os sonhos não possuem limites. Cada etapa de realização é o patamar de um novo começo. O sonho nunca morre.

2.3. Reino de Deus quer responder a estas questões básicas que sempre estão na agenda das pessoas. Concretamente, Jesus vivia dois tipos de opressão que urgiam a concretização

de seu sonho: uma opressão *externa*: a ocupação da Terra das promessas pelas forças militares do Império Romano com o imperador que exigia ser cultuado como Deus. Isso era vivido como escândalo pelos judeus, o que suscitava o sonho de uma intervenção divina para resgatar a sacralidade da terra dos patriarcas. Alguns, até entre os apóstolos, acreditavam que Jesus podia realizar este tipo de libertação política. Por isso, Ele era visto como um subversivo político (Lc 23,2.14) que podia gerar um conflito com os romanos. E outra opressão *interna*: a prevalência de uma religião legalista e farisaica que afastava Deus do mundo e o enquadrava nas malhas de mil normas e ritos. Contra o império de César, Jesus propõe o Reino de Deus. Era um ato político subversivo e perigoso. Contra a religião da lei e da cobrança, Jesus postula a religião do amor e da misericórdia. Tal proposta fazia de Jesus um hereje e o enredava num conflito religioso contra os guardiães da ordem religiosa. Essas duas frentes de tensão, como subversivo e como hereje, acompanharam Jesus por toda a vida e marcaram sua trajetória, a ponto de se tornar insustentável. A solução foi sua condenação à morte por razões políticas (romanos) e religiosas (fariseus e a casta sacerdotal).

2.4. Reino de Deus, por sua natureza de sonho, é uma representação a mais englobante possível. Ele representa a política de Deus em sua criação. Trata-se de uma revolução abso-

luta, total e radical. Vai mudar os fundamentos da realidade pessoal, comunitária, terrenal e cósmica. Deus resolveu começar um processo de resgate de sua criação e de condução à sua plenitude. Como todo sonho, possui um momento de *presença*, caso contrário, seria devaneio e fantasia: "O Reino foi aproximado" (Mc 1,14), "o Reino chegou a vós" (Lc 11,20), o "Reino de Deus está dentro de vós" (Lc 17,21). O Reino está, pois, aí no mundo, na realidade, na vida, por isso representa um chamado de atenção e de escuta de todos para captá-lo e ouvi-lo. Os assim chamados milagres devem ser entendidos como sinais de que o Reino está em curso e se manifesta na história (Lc 11,20; Mt 11,3.5). Por outro lado, o Reino possui uma dimensão de *futuro*. Jesus ensina a rezar: "venha a nós o vosso Reino". Anuncia um processo que está se realizando na história na medida em que as pessoas vão acolhendo esta transformação. Ele é como uma semente lançada na terra (Mc 4,26), como um grão de mostarda (Mt 13,31), como fermento na massa (Mt 13,22). Estas metáforas apontam para uma presença concreta e também para uma grande promessa futura. Na semente está a planta de amanhã; no grão de mostarda se esconde uma grande árvore futura. No punhado de fermento se encontra o pão generoso que será cozido. Quer dizer, a pequenez esconde a grandeza de uma força indomável. No começo está presente já o fim que lentamente vai ganhando corpo.

2.5. O Reino de Deus não é um *território*, limitado ao espaço palestinense, mas uma nova ordem das coisas: os últimos serão os primeiros, os pequenos serão os grandes; os humildes serão os mestres, os doentes serão curados; os surdos ouvirão, os oprimidos serão libertados; os dispersos voltarão a se reunir, os sofrimentos vão desaparecer, não haverá mais luto; a morte será vencida e os mortos ressuscitarão. Este programa está presente em sua primeira aparição pública na sinagoga de Nazaré (Lc 4,18-19). Deus será vivido como Pai de infinita misericórdia. A intimidade é tanta que é chamado de *Abba*, Paizinho amado.

2.6. O Reino não é só *espiritual*. Engloba toda a criação, por isso cura pessoas, alimenta famintos, aplaca ventos e acalma o mar revolto (Mc 4,29). Perdoa pecados e promete graça e redenção a todos, a começar pelos mais distantes e perdidos. Ele sempre conserva um caráter de universalidade e totalidade. Ninguém está fora do alcance do Reino. Não há realidade maior que ele.

2.7. O Reino de Deus não pode ser *parcializado* como se fora parte de uma realidade maior. Ele não pode ser reduzido às três formas de poder, apresentadas como tentações a que foi submetido Jesus (Mc 1,12ss.; Mt 4,1-11; Lc 4,1-13): o poder *profético* que transforma pedras em pão; o poder *sacerdo-*

tal que pretende mudar o mundo a partir do templo e de uma reforma moral ou o poder *político* que domina povos e territórios e submete a todos a uma mesma ordem. Jesus rejeita estas três formas de poder como tentação diabólica. O caminho escolhido é o do líder servidor, do profeta perseguido e do servo sofredor, anunciado pelo Profeta Isaías, capítulo 53.

2.8. O Reino não é *deste* mundo, mas *neste* mundo. Interpelado por Pilatos se era rei, Jesus responde: "Meu Reino não é *deste* mundo" (Jo 18,36). Com efeito, sua origem não se encontra neste mundo, mas em Deus. Ele começa a se realizar *neste* mundo. Esse sonho do Reino de Deus que habitava a vida de Jesus fez com que deixasse a casa paterna, fosse até considerado pelos familiares como louco (Mc 3,21), percorresse vilas e cidades, anunciando a alegria desta irrupção de Deus em sua criação.

2.9. Esse sonho radical que exigia profundas transformações encontrou duras oposições por parte dos guardiães daquela ordem vigente e fez com que atraísse contra Jesus maledicências, perseguições, ameaças de morte e eventualmente até um julgamento político-religioso. Foi o que efetivamente se passou com Jesus. Mas Ele levou seu sonho até o extremo, a ponto de sentir o inferno da ausência de Deus na cruz (Mc 15,34) e a percepção do total fracasso. No entanto, o

sonho nunca morre. A vida de Jesus, à semelhança de uma árvore, foi cortada de sua copa, viu seus galhos serem decepados e seu tronco ser arrancado de suas raízes, mas ficou a semente, com toda a pujança que ela contém. Da semente nascem as raízes, brota o tronco, despontam os galhos, forma-se a copa, tremulam as folhas, sorriem as flores e se produzem os frutos. Aí está a árvore inteira. Esta transformação ocorreu em Jesus por sua vida que rompeu os limites da morte pela ressurreição. Aí há algo do sonho realizado, do Reino que em parte chegou.

3. Uma prática: a libertação

3.1. O sonho só é verdadeiro quando se traduz em práticas. Sua realização começa a partir dos últimos, dos mais oprimidos e marginalizados. Jesus comparece como seu libertador. Em primeiro lugar vêm os pobres, chamados de bem-aventurados (Mc 6,20) os privilegiados no Reino de Deus. Isso se deriva da essência do próprio Deus que, sendo vida, sente-se atraído por aqueles que menos vida têm porque, pela opressão, a vida lhes é negada. Eles são vítimas, os empobrecidos. Ninguém é por eles, são feitos invisíveis, por isso Deus toma partido deles, entra para libertá-los, e são os primeiros beneficiários da nova ordem que é o Reino de Deus. Depois, comparecem os marginalizados por qualquer razão de doença, cegueira ou paralisia, ou por outra discriminação qualquer como as mulheres, as prostitutas, o hereje samaritano, o publicano, funcionário do império, o oficial romano, a mulher

pagã siro-fenícia, os tidos como pecadores públicos. Com eles come, sinal de que também a eles se estende a graça e a intimidade com o Pai. Em razão desta ousadia escandalosa o chamam de "comilão, beberrão e amigo de gente de má companhia" (Mt 11,19; Lc 7,34).

3.2. A plena libertação se realiza na prática do amor incondicional como princípio organizador das relações entre as pessoas. O amor não divide, une. O próprio amor a Deus passa pelo amor ao próximo (Mt 23,27-40). Para Jesus, próximo é aquele de quem eu me aproximo. E devo aproximar-me de todos, mas principalmente daqueles que ninguém gosta de se aproximar, como os marginalizados, os pobres, os doentes e os mal-afamados. Para Ele, amar o próximo é amar particularmente a estes. "Amar a quem nos ama, que graça tem? Os maus também amam a quem os ama" (Lc 6,32). No amor aos invisíveis e desprezados se revela a singularidade do amor desejado por Jesus, quase nunca praticado pelos cristãos e pelas igrejas. Na verdade, o amor incondicional é um único movimento para o outro e para Deus. Jesus quis que todos amassem o Pai-*Abba* como Ele o amou, com extrema confiança e intimidade. Quem tem esse amor tem tudo, porque Deus mesmo é amor (1Jo 4,8).

3.3. Mas para Jesus o amor precisa se revestir de uma qualidade que o torna característico. O amor tem que ser miseri-

cordioso. Só quem se imbui de misericórdia pode entender e viver o apelo de Jesus: "Amai os inimigos, fazei bem aos que vos odeiam, falai bem dos que vos maldizem e orai por quem vos calunia" (Lc 6,27-28). Viver essa dimensão do amor é ser livre. A ofensa, a humilhação e a violência recebidas nos mantém presos na amargura e, não raro, com espírito de vingança. O perdão nos liberta destas amarras, torna-nos plenamente livres. Livres para amar. O pai perdoa o filho pródigo (Lc 15,11-32) sem cobrar-lhe nada por sua devassidão. Não basta ser bom como o filho obediente e fiel que ficou em casa, o único que é criticado. Precisa ser misericordioso, coisa que ele não foi. Eis a suprema liberdade: romper as correntes das ofensas que nos enclausuram no passado sofrido, e transcender para o reino da liberdade e da autonomia. Isto é a obra da misericórdia e do perdão. A misericórdia é uma qualidade essencial de Deus: "Ele é bondoso para com os ingratos e maus; sede misericordiosos como o Pai é misericordioso" (Lc 6,36). Sem a misericórdia perderíamos uma dimensão essencial da experiência de Jesus para com seu Pai-*Abba* e ficaríamos privados desta característica fundamental de Deus. Os legalistas, os moralistas, os autoritários, tão presentes nos meios cristãos conservadores e em certos grupos da sociedade e das instituições civis e religiosas, devem confrontar-se com esta dimensão misericordiosa de Jesus.

3.4. Em nome do amor relativiza tradições, liberta de leis opressoras – "o sábado foi feito para o homem e não o homem para o sábado" (Mt 2,27) – e submete a rigorosa crítica todas as estruturas de poder. Elas não podem ser de opressão, mas lugares do exercício da liberdade e funções de puro serviço: "Quem quer ser o primeiro que seja o último" (Mc 9,35).

3.5. A prática para com Deus não passa pelo ritual oficial, mas pelo amor, pela misericórdia, pelo sentido de justiça e de entrega confiante Àquele que cuida de cada fio de cabelo da cabeça (Lc 21,18). Acolhe a todos indistintamente, pois é essa a atitude misericordiosa do Pai, assumida por Jesus que disse: "Se alguém vem a mim, eu não o mandarei embora" (Jo 6,37). Podia ser um teólogo temeroso como Nicodemos, que o procura na calada da noite; uma mulher samaritana junto ao poço, um cego que lhe grita por cura ou uma mulher desesperada que lhe suplica a ressurreição da filhinha que acabou de morrer. A todos atende indistintamente. Ele é um ser-para-os outros. Esta frase "Se alguém vem a mim, eu não mandarei embora" expressa uma das mais belas e emblemáticas da prática de Jesus.

3.6. Todos percebem que há um confronto entre o império de César ao qual todos devem se submeter e cultuar como "deus" e entre Reino de Deus que supõe a soberania absoluta

de Deus sobre sua criação e sobre a história. Ao dizer: "Dai a César o que é de César e a Deus o que é de Deus", responde a uma demanda teológica que simultaneamente é também política. A questão é: deve-se adorar a César como "deus"? Ele responde: dai a César o que é de César, pois ele é apenas um homem e não um "deus"; sendo apenas um homem não lhe deem a adoração que é indevida e blasfema. Mas a Deus deem o que é de Deus, que é a adoração e a louvação. Com isso nega o caráter divino de César, o que constituía um crime de lesa-majestade.

3.7. Lá onde se dá a passagem do legalismo à liberdade, onde a convivência substitui as discriminações, onde predomina o amor sobre o interesse, onde a confiança vence o temor, onde a aceitação da proposta de uma nova vida suplanta as tradições, aí começa a se instaurar o Reino. É só um começo, algo real e novo que foi posto em marcha. Ele causa impacto e alegria. Mas, ao mesmo tempo, também estranheza porque não se entra mecanicamente no Reino. Só se entra mediante a mudança de vida. Todos estão dispostos a esta transformação de atitudes? Impõe-se uma de-cisão, gesto que cria uma cisão entre o que era e o que deve ser. Instaura-se uma *crise*, palavra que São João usa 17 vezes em seu Evangelho, no sentido de cisão e decisão, que atinge a todos, o povo, as autoridades religiosas, os seguidores e os próprios discípulos que

ameaçam abandoná-lo (Jo 6,67). Jesus se dá conta da dureza de coração dos piedosos fariseus e das vacilações dos mais próximos. Sente a solidão pelo acúmulo de acusações de falso profeta (Mt 27,62), de possesso (Mc 3,22), de louco (Mc 3,24), de subversivo (Lc 23,2.14), de herege (Jo 8,48) e de outras tantas. Dá-se conta de que querem liquidá-lo. Não vai ingenuamente ao encontro da morte. Esconde-se e chega a refugiar-se na cidade de Efraim, lugar de imunidade (Jo 11,54), onde seus inimigos não podiam legalmente alcançá-lo. Nem por isso desanima. Continua a confiar na capacidade das pessoas de se abrirem e de acolherem o grande sonho libertador. O tempo é curto e o meteoro devastador se aproxima. Importa alertar e convidar as pessoas para a novidade, pronta a irromper.

3.8. O Reino se constrói contra o império da opressão. Daí seu caráter conflitivo do começo ao fim. Ao aumentar a resistência e o confronto, Jesus lentamente se dá conta de que o Reino, apenas inaugurado por Ele, pode fracassar. Isso o faz assumir com mais decisão o caminho do Servo Sofredor e do Profeta Perseguido. Numa atitude de absoluta grandeza de alma, Ele assume sobre si a recusa, os "pecados" dos outros, para atrair a misericórdia divina e para que ninguém fique excluído do Reino. Já que não são alcançados pelo amor, o serão pelo perdão. Se não forem alcançados pelo amor, o serão pela misericórdia e o oferecimento do perdão.

3.9. Lentamente, mas com clareza, Jesus se dá conta de que o caminho do sofrimento lhe foi reservado pelo Pai. Não será fácil aceitar essa via-sacra dolorosa antecipada. Aí entra a fé de Jesus e Ele se mostra um homem de fé (Hb 12,2), que o leva a uma total entrega e a uma ilimitada confiança. O grito no alto da cruz, de abandono e desespero (Mc 15,34), dá conta da profundidade da solidão de Jesus. A esperança está ameaçada e com ela a realidade do sonho e da libertação que lhe estava ligada. Mas, enfim, sem mais nenhum suporte e totalmente esvaziado e libertado de si mesmo, entrega-se ao Mistério sem nome. Penetra o reino das trevas interiores, terríveis e temíveis das quais falam os místicos. O amor a Deus e à humanidade exige esta *kenosis*, esta libertação de si mesmo, de suas convicções e de sua consciência de ser o inaugurador do Reino. É da natureza do sonho sempre ressuscitar. Só morre o que é. O que ainda não é não pode morrer. O que pode ser, o que é virtual e possível como o sonho do Reino e de uma criação enfim libertada e levada à sua plenitude não morre jamais. Continua sempre como o sonho dos melhores, sonho de Jesus e de todos, desde o "justo Abel até o último eleito".

4. Uma mensagem: o Pai nosso e o pão nosso

4.1. Qual é o núcleo central da mensagem de Jesus, formulada nos quadros da cultura apocalíptica? Essa mensagem subjaz em todos os escritos no Primeiro Testamento. Neles en-

contramos tentativas de compreensão, de adaptação e de tradução desta mensagem dentro de contextos não mais apocalípticos, elaborados 30-40 anos depois da execução de Jesus, quando já haviam surgido o movimento de seguidores e as mais distintas comunidades que conservavam, à sua maneira, a memória da gesta de Jesus. Essa memória foi trabalhada por interesses religiosos e teologias próprias das comunidades que subjazem aos evangelhos de Marcos, Mateus, Lucas e João. Elas obscurecem mais do que esclarecem a mensagem originária de Jesus. A demasiada roupagem acaba escondendo a figura verdadeira da pessoa. Mesmo assim podemos, dentro daquele emaranhado de textos, identificar seu núcleo axial indubitável. Evidentemente issso supõe rigoroso estudo exegético-crítico que não cabe aqui demonstrar, mas ele é pressuposto e se encontra nos meus vários textos de cristologia. Surpreendentemente o encontramos na oração do Pai-nosso. Por que está aí? Porque exatamente aí se esconde a intenção originária de Jesus, antes de qualquer outra formulação. Ela nasceu de sua própria boca. Por isso a chamamos de *ipsissima vox Jesu*, a própria voz de Jesus. Quais os critérios que nos permitem fazer esta suposição, de consequências tão graves?

4.2. As razões são simples: porque no Pai-nosso não encontramos nada daquilo que para a Igreja posterior é importante: Jesus mesmo como Salvador, sua morte e ressurreição,

a Igreja, o credo, os sacramentos, a Eucaristia e os dogmas. Não se fala nada disso. Para Jesus isso não é o importante. O importante e essencial é: Deus-*Abba* e seu Reino, o homem e suas necessidades. Mais resumidamente ainda: trata-se do Pai nosso e do pão nosso no arco do sonho do Reino de Deus. Esse é o mínimo do mínimo da mensagem de Jesus. Se perguntarem: o que quis Jesus, devemos responder: Ele quis trazer o Reino de Deus, que sentíssemos a Deus como íntimo, Pai e Mãe de bondade (*Abba*) e que buscássemos o pão nosso. Tudo o mais é comentário.

4.3. Quando os discípulos pedem a Jesus: "Senhor, ensina-nos a rezar" (cf. Lc 11,1), não estão pedindo um método de oração, coisa que todo judeu conhece. Essa pergunta representa um torneio linguístico, conhecido na época, para dizer: "Jesus dá-nos um resumo da tua mensagem?" "Qual é o logotipo da tua proposta?" Sabemos que os vários grupos religiosos do tempo se distinguiam por pequenas fórmulas de oração que resumiam suas respectivas doutrinas e lhes conferiam identidade e coesão interna. Com Jesus ocorre o mesmo fenômeno. O Pai-nosso revela a experiência originária de Jesus e entrega-nos a sua *ipsissima intentio*, quer dizer, sua intenção mais verdadeira. Trata-se de um texto jesuânico, quer dizer, que veio diretamente da boca do Jesus histórico.

4.4. Assim o Pai-nosso vem ao encontro das três fomes fundamentais e inarredáveis do ser humano: a fome de um encontro com Alguém bom que o acolha como num seio que lhe signifique vida, alegria e aconchego; esta fome por Alguém é o Paizinho de bondade (*Abba*). A outra fome é a fome infinita que nunca se sacia, o sonho maior de um sentido pleno para a vida, para a história e para o universo; ela vem sob o nome de Reino de Deus. A outra fome que se sacia, mas sem a qual não vivemos, é o pão nosso. Sem essa base material perde sentido falar do Pai nosso e do Reino de Deus, pois um cadáver não invoca o Pai nosso nem espera pelo Reino.

4.5. Nunca podemos esquecer este mínimo do mínimo. Ele não pode ser substituído por doutrinas, dogmas, ritos e tradições. Aí nos afastaríamos da intenção originária de Jesus, mas a tradição cristã mais antiga pressentiu que face ao Pai-nosso estávamos diante de algo que pertence ao segredo e ao Mistério de Jesus. Por isso, essa oração pertencia à disciplina do arcano, quer dizer, era ensinada apenas aos iniciados que já tinham sido batizados e confirmados. Tertuliano (†225), o maior teólogo leigo do cristianismo, diz enfaticamente: o Pai-nosso é o *breviarium totius evangelii*: "a súmula de todo o Evangelho".

4.6. Dada a sua importância vamos transcrever em paralelo as duas versões que encontramos nos evangelhos de Lucas (11,2-4) e de Mateus (6,9-13).

Mateus	Lucas
Pai nosso que estás nos céus, teu nome seja santificado;	Pai, santificado seja teu nome,
venha a nós o teu Reino, seja feita a tua vontade, assim na terra como no céu.	venha o teu Reino.
O pão nosso de cada dia dá-nos hoje,	Dá-nos cada dia o pão necessário;
perdoa-nos nossas dívidas, assim como nós perdoamos aos nossos devedores,	perdoa-nos os pecados, pois também nós perdoamos a todos os que nos têm ofendido,
e não nos deixes cair em tentação, mas livra-nos do mal.	e não nos ponhas à prova.

4.7. Como transparece, as duas versões são diferentes na forma, mas substancialmente iguais no conteúdo. A diferença se deve ao fato de a oração de Jesus ter sido transmitida e assimilada diversamente nas várias comunidades cristãs dos pri-

meiros tempos. Para elas, a letra era menos importante que o espírito; este está concentrado nessa união indissolúvel Pai nosso/pão nosso, no arco do Reino de Deus, testemunhado nas duas versões.

4.8. Por um interesse historiográfico, para nós não muito importante, podemos perguntar: Qual das duas, no entanto, seria a original, que saiu de fato da boca de Jesus? Lucas, mais breve, contém tudo o que está em Mateus de forma mais ampla. Os estudiosos nos garantem que, quando uma fórmula mais curta se encontra integralmente contida na mais longa, é a mais curta que deve ser considerada mais próxima da original. Portanto, seria a de São Lucas. Como ambas dizem fundamentalmente a mesma coisa, nós vamos, para facilitar nossa reflexão, privilegiar a versão de São Mateus, pois seu desdobramento permite surpreender melhor a "intenção primeira de Jesus".

4.9. *"Pai nosso que estás nos céus".* Há uma constatação histórica absolutamente assegurada: Jesus chamou sempre a seu Deus de *Abba*, que é uma palavra tirada do vocabulário infantil, um diminutivo da intimidade. Significa "meu querido Paizinho". Esta expressão ocorre 170 vezes na boca de Jesus. O Segundo Testamento conserva esta expressão, *Abba*, no dialeto de Jesus, o aramaico. Com isso quer guardar a irrupção

deste estado de consciência absolutamente singular (cf. Rm 8,15; Gl 4,6): o fato de chamar a Deus de Paizinho querido.

4.10. Evoquemos a autoridade de um dos maiores estudiosos da expressão *Abba*, o alemão Joaquim Jeremias. Ele resume seu significado inédito assim: "Jesus dirige-se a Deus como uma criancinha a seu pai, com a mesma simplicidade íntima, o mesmo abandono confiante". Deus não é, pois, um juiz implacável dos moralistas, nem um abismo aterrador dos filósofos, nem uma energia indecifrável dos astrofísicos face à qual silenciamos reverentes. Ele, sem dúvida, possui as características do Mistério sem nome e sem figura. Mas aqui Ele emerge como uma efusão de amor e de compaixão porque "Ele conhece nossa natureza e se lembra de que somos pó" (Sl 103,13-14), no contexto de uma experiência de enternecimento caloroso e de intimidade afetiva como o experimentam as pessoas piedosas e os místicos de todos os tempos. Filho é mais que uma relação causal (todo filho procede biologicamente dos pais), é uma relação pessoal. O filho é tanto mais filho quanto mais cultiva o espaço de intimidade e de entrega confiante ao pai.

4.11. Deus é Pai-*Abba* porque cuida de seus filhos e filhas, repousa seu carinho sobre cada um deles, sabe-lhes o nome que seu amor inventou, conhece-lhes as necessidades, sente o

mínimo pulsar de seu coração, não lhes deixa cair um só cabelo da cabeça sem que o note (Lc 21,18), faz-lhes nascer o sol e a chuva sobre suas cabeças, mesmo quando ingratos e maus (cf. Lc 63,35), e recolhe-os sob sua proteção como o faz a galinha com seus pintainhos (Mt 23,37). Esse Pai-*Abba* mostra traços de Mãe, pois nele tudo é cuidado, amor e misericórdia, como se mostra no perdão ao filho pródigo (Lc 15,11-32), na ansiedade ao procurar a moeda perdida (Lc 15,8-10) e na busca incansável da ovelha tresmalhada (Mt 18,12ss.; Lc 15,4). Esse Pai-*Abba* é maternal ou essa Mãe é paternal. Esse é o Deus da experiência originária de Jesus, Deus-Pai-e-Mãe de infinita bondade e misericórdia, ou simplesmente *Abba*.

4.12. Quem chama a Deus de "meu querido Paizinho", "minha querida Mãezinha" se sente seu filho muito amado. Pai e Filho são termos correlatos. Não há Pai sem filho nem filho sem Pai. *Abba* contém o segredo íntimo de Jesus, seu Mistério escondido. Podemos dizer que essa consciência de ser Filho de um Deus-*Abba* não surgiu sem uma longa preparação. Diria que lentamente veio emergindo no processo da cosmogênese, da biogênese e da antropogênese, criando as condições da complexidade e de interioridade da matéria e da vida até irromper conscientemente em Jesus. Algo único, singular, acabou de ocorrer em nossa Terra, em nosso sistema solar, quem sabe em nossa galáxia e no universo: a emergência do Filho de dentro

do processo de evolução, a partir da consciência do Pai-*Abba*. Jesus mesmo o confirma: "Ninguém conhece o Pai senão o Filho e aquele a quem Ele quiser revelar" (Mt 11,27).

4.13. Dito em termos cosmogênicos significa: não foi simplesmente Jesus que elaborou esta experiência de paternidade/maternidade/filiação, cujo sujeito fosse exclusivamente ele. O sujeito é o universo em gênese. Essa experiência estava sendo preparada desde sempre. A Fonte Originária, aquela inefável Energia de fundo, inteligente e amorosa, atuava nas forças diretivas do universo, penetrava cada patamar da evolução, irrompia em todos os viventes, criando-lhes interioridade e subjetividade, especialmente animava o espírito dos seres humanos até que se transformou em conteúdo de consciência: perceber a Deus como *Abba* e a si mesmo como seu Filho. Isso ocorreu no homem Jesus de Nazaré, nascido de um povo, o menor de todos os povos (Dt 7,7), habitante de uma região irrelevante do Império Romano, a Galileia, oriundo de uma família de migrantes pobres, radicados na Vila de Nazaré, tão ignota que jamais consta em todas as Escrituras do Primeiro Testamento. Nesse ser concreto, judeu, galileu, artesão, camponês mediterrâneo, nascido sob a *"immensa romanae pacis maiestas"* ("sob a imensa majestade da paz romana") irrompeu a consciência de Deus como Pai/Mãe de bondade e perdão (*Abba*), acolhendo a todos como a seus filhos/filhas ama-

dos e queridos, especialmente os oprimidos, famintos, nus e sedentos, a quem Jesus vai chamar de "meus irmãos e irmãs menores" (Mt 25,40).

4.14. *"Santificado seja o vosso nome".* Sejamos realistas. Há um pressuposto que nos ajuda entender esta súplica: no mundo, o nome de Deus, pela maldade humana e pela rebeldia da criação, é manipulado, distorcido e banalizado, por todos os meios, particularmente pelos programas religiosos das televisões, a maioria medíocres e indignos da grandeza de Jesus. Aí o que mais ocorre é o pecado contra o segundo mandamento, o de "usar o santo nome de Deus em vão". Não são poucos os que, em razão das desgraças do mundo, não encontram motivos para louvar a Deus e se lamentam, tristes, como o Jó bíblico; outros não toleram o longo silêncio de Deus face às injustiças, especialmente contra os inocentes, causadas por terremotos e tsunamis devastadores, ou contra crimes hediondos como nos campos de extermínio nazistas, e rezam silenciosos, como o fez o Papa Bento XVI quando visitou Auschwitz na Polônia. Nós também, como Jó, nos queixamos: "Deus, onde estavas quando milhões de indígenas da Ameríndia foram exterminados pelos colonizadores europeus que matavam pela cruz e pela espada. Por que permitiste estas tragédias? Por que calaste? Onde estás hoje que não te apiadas de teus filhos e filhas que tanto sofrem? Como magnificar o nome

de Deus?" Face a esta indigência objetiva, Jesus nos convida, apesar de tudo, a louvar seu nome, especialmente neste momento em que Ele resolveu intervir e lançar as sementes de seu Reino.

4.15. *"Venha a nós o vosso Reino".* Eis o suspiro mais ancestral do ser humano mergulhado nos avatares da evolução, nas contradições da vida, onde bem e mal se misturam e que, não raro, tem-se a impressão de que a perversidade vence a bondade e o caos prevalece sobre o cosmos. Deste transfundo nascem todos os sonhos e as utopias de um outro mundo possível e melhor. Estes sonhos nunca abandonam o ser humano no sono e na vigília. Quer dizer, somos construídos a partir do princípio do desejo que busca incansavelmente a superação dos inimigos da vida e a inauguração do reino da plena liberdade. O lugar do sonho não é a razão. É a imaginação e a fantasia. Aí radica o princípio-esperança de onde irrompem as utopias e os projetos mais generosos. Somos seres utópicos, recusamos aceitar o mundo assim como está: queremos transformá-lo. Em todos os tempos e em todas as culturas surgiram profetas, homens movidos pelo fogo interior que mantiveram viva e alta a esperança humana de que a brutalidade do real não tem a última palavra, mas a força daquilo que pode trazer um futuro melhor. Aqui radica a imorredoura esperança que, mais que uma virtude, é um motor que sempre nos energiza, que nos levanta quando caídos e nos faz retomar o caminho.

4.16. Jesus foi buscar a sua mensagem nas profundidades do grito humano e nos sonhos prenhes de esperança e alegria. Ela é universal porque parte de um desejo universal. Anuncia: "o Reino está chegando, está em nosso meio; crede nessa alegre notícia" (Mc 1,15). Há sinais inequívocos de que o Reino está chegando porque "cegos veem, coxos andam, hansenianos ficam limpos, surdos ouvem, mortos ressuscitam, e os pobres são os primeiros destinatários desta novidade" (cf. Lc 7,22). Portanto, o sonho começa a deixar de ser sonho e mostra ser uma ridente realidade.

4.17. Que tem a ver o Reino de Deus com a estrutura utópica do ser humano? Ele é uma de suas melhores expressões, senão a melhor. Representa uma sublevação da ordem vigente e a instauração de uma nova. O ator principal é Deus mesmo, que resolveu intervir no curso da evolução e fazer uma revolução na evolução. Por isso o Reino é *de Deus*. Sua inauguração começa com os últimos: os pobres, os pecadores e as prostitutas. Todos estes antecedem aos puros e aos religiosos na entrada do Reino. Todos são convidados: servos, estropiados, marginalizados (Mt 18,21-23). Pessoas virão do Ocidente e do Oriente e se assentarão à mesa. A metáfora mais adequada para o Reino é a ceia, o banquete nupcial e a festa. É para simbolizar que o Reino é a reconciliação de todas as coisas, inclusive com a natureza e com o universo. Reino é a alegria dos li-

bertos. Deus vem e serve a todos como a seus filhos e filhas. Mas o Reino não é só de Deus. É também *nosso* na medida em que nos abrimos a ele, assumimos a sua dinâmica e começamos a inaugurá-lo na prática, em nossa vida cotidiana, no nosso pequeno mundo familiar e na sociedade: com o amor, a justiça, o perdão, a entrega confiante a Deus.

4.18. O Reino possui as seguintes características: é *universal*, inclui tudo: a infraestrutura da vida humana, as relações sociais, as dimensões cósmicas e, principalmente, a nova experiência de Deus-*Abba* como graça e misericórdia para todos. O Reino é também *estrutural*, não só engloba todas as dimensões, mas vai até suas raízes últimas, revolucionando-as. Não se trata de uma simples reforma do que existe, mas de uma revolução absoluta que cria o novo. O Reino, por fim, é *terminal*. Por atacar as causas em sua totalidade e radicalidade, define também qual é a vontade última de Deus e o quadro terminal do universo. O nosso tipo de mundo termina; outro virá, onde Deus finalmente se mostrará senhor de sua criação, antes rebelada. Nela todos encontrarão o seu lugar e a sua paz.

4.19. Jesus nunca definiu o que seja o Reino de Deus, mas podemos entendê-lo a partir de sua prática e palavras. Ele ensaia novas relações e um novo modo de ser diante de Deus-*Abba*, sentindo-se Filho e passando esta experiência a todos

os demais. Eis o fundamento da dignidade de cada pessoa humana, por mais humílima e atormentada que seja: ela é uma filha e um filho de Deus.

4.20. Mas não se entra de qualquer jeito nesse Reino. Precisa-se passar pela clínica de Deus. Urge mudar de vida, adequar-se ao sonho e à utopia anunciada. O Reino possui a característica de *processo*: ele está sempre vindo e se instaura lá onde o amor prevalece, a justiça é feita, o direito é vivido e o ser humano se converte para Deus e para os outros até como amor aos inimigos. E aqui se produz o drama: o Reino se constrói contra o império da maldade que perpassa a história humana. Com infinita tristeza, dizem os testemunhos antigos: "Ele, Jesus, veio para o que era seu, e os seus não o receberam" (Jo 1,11). O proclamador da esperança é rejeitado e eliminado fisicamente. Mas o sonho não pode morrer com Ele. Os seres humanos continuam alimentando a esperança e suplicando: "venha a nós o vosso Reino". "Apressa a tua vinda e faze justiça contra os habitantes da Terra que derramaram o sangue dos justos."

4.21. *"Venha a nós o vosso Reino"* é um apelo contra esse mundo perverso e em favor de um outro, novo, onde Deus pode morar com seus filhos e filhas. É uma esperança que não aceita o veredito do império da perversidade e continua espe-

rando contra toda a esperança. O Filho será o mais forte que vencerá o forte (Mt 3,27). A morte não terá a última palavra, mas a transfiguração da vida em sua plenitude. Essa é uma esperança que nunca desapareceu nem desaparecerá da Terra. No dia em que ela fenecer a Terra se verá coberta de cadáveres, a natureza agonizará em estertores e os espíritos mergulharão no abismo do absurdo. O cristianismo é uma religião de esperança mais do que de fé. Sem esperança, ele perde sentido e se afunda no atoleiro dos interesses dos poderosos da história; por isso não se cansa de suplicar: "Venha a nós o vosso Reino".

4.22. *"Seja feita a vossa vontade"*. Este desejo deve ser entendido no contexto apocalíptico em que se move Jesus. Assim como se encontra a realidade, não pode corresponder à vontade de Deus, pois campeia a injustiça e é amordaçada a verdade. O Reino encontra oposição, o príncipe deste mundo mantém seu império. Ele é o grande opositor (2Cor 4,4), pois potencia ao máximo as energias do negativo. Qual é a vontade de Deus? A instauração do Reino com todas as formas de libertação que carrega consigo. Aqui pede-se por urgência: "Por que tardas, Senhor? Vem logo e faze justiça ao teu povo e à tua criação". A vontade de Deus implica especialmente que o homem viva, que a Terra seja a morada humana, que o universo tenha um fim bom e que ninguém esteja mais sob o domínio do dia-bólico. O Reino é de Deus, mas para o ser humano e

para o mundo, especialmente para os mais pequeninos. Para isso ele tem que se renovar: "quem não renascer de novo não poderá entrar no Reino de Deus" (Jo 3,3). Por fim, fazer a vontade de Deus implica um componente de entrega confiante, pois nos damos conta de que somos vulneráveis, nem tudo podemos. O Reino apenas foi inaugurado e é feito contra o império da perversidade, que mostra a sua capacidade de levantar obstáculos e de destruir caminhos e derrubar pontes. Temos que assistir, pasmados, que frequentemente as melhores causas sejam derrotadas, o justo seja posto de lado, o sábio ridicularizado e o santo martirizado. Triunfa o frívolo, ganha a partida o desonesto, comandam os destinos de um povo autoridades arrogantes e tirânicas. Um grupo e uma comunidade cristã podem ser dirigidos por medíocres e súcubos dos poderosos. Neste contexto rezar "seja feita a vossa vontade" exige comprometer-se com justiça, com uma relação includente de todos e com um sentido forte do bem comum. E simultaneamente, sabedores de nossas insuficiências, abandonamo-nos ao Mistério de Deus que sabe quando intervir e garantir um desfecho feliz ao drama da história. Fazer a vontade de Deus "assim na terra como no céu" equivale a dizer: fazer a vontade de Deus não de vez em quando, mas sempre, em tudo e em todas as circunstâncias, em todas as partes e em todos os tempos. Sem isso não reforçamos o Reino que quer avançar para dentro da história.

4.23. *"O pão nosso de cada dia"*, eis a segunda parte da mensagem de Jesus. Se bem repararmos, ela obedece aos dois impulsos básicos do coração humano: um na direção do Pai, de seu Reino e de sua vontade; o outro na direção do pão necessário, sem o qual não podemos viver, do perdão e da superação de todo o mal que permanentemente nos estigmatiza.

4.24. O pão sintetiza em si o alimento humano. Ele nos revela nossa essencial vinculação à infraestrutura material da vida. Por mais altos que sejam os voos do espírito, por mais profundo que seja o mergulho místico na divina essência, todos nós dependemos de um pouco de pão e de água que garantam a nossa vida. Um morto não conhece a mística, nem louva a Deus. A vida é mais que pão, mas em nenhum momento pode dispensá-lo. A materialidade possui um caráter sacramental, pois está ligada à vida. É na infraestrutura que se decide o futuro eterno da vida: se tivermos dado alimento ao faminto, água ao sedento, roupa ao desnudo. Nesta solidariedade mínima se joga o destino de todos, feliz ou infeliz (Mt 25,31-40).

4.25. Ao estabelecer o contraponto Pai nosso e pão nosso cotidiano, Jesus quis que não houvesse apenas a causa de Deus – o Reino –, mas também a causa do homem – o Pão –, com suas necessidades, com sua fome, com suas urgências. O ser humano não está aí apenas para Deus. Está também para si mesmo e

para o outro. É Deus que assim quis. Ele não quis que só amássemos a Ele; quis que nosso amor se espraiasse em todas as direções e amássemos sua criação, os seres todos e cada pessoa concreta. Só estaremos na herança de Jesus se sempre associarmos Pai nosso com pão nosso, a causa de Deus com a causa dos homens e a causa dos céus com a causa da Terra.

4.26. A necessidade do pão é individual; sua satisfação, no entanto, não pode ser individual, mas comunitária. Por isso Jesus não manda rezar: o pão *meu*, mas o pão *nosso*. E é assim porque com Jesus irrompeu a plena consciência da irmandade universal derivada da filiação universal. Temos um Pai-*Abba* que é de todos – Pai nosso –, por isso somos todos filhos e filhos no Filho, irmãos e irmãs entre nós. A mera satisfação individual da fome sem tomar em consideração a fome dos demais irmãos e irmãs seria quebra da irmandade querida por Jesus. O ser humano não quer apenas matar a fome e nutrir-se. Comer é sempre um estar à mesa com outros, um ato comunitário e um rito de comunhão. Por isso à mesa repartimos o pão. Não come feliz quem mata a sua fome sozinho, sabendo que os lázaros estão ao pé da mesa, junto com os cães, esperando os restos de nossa abundância. O pão é só humano, o pão nosso da oração de Jesus, quando é produzido junto, repartido junto e feito laço de comunhão entre todos.

4.27. Ao pão nosso se acrescenta a expressão *de cada dia*. O que é de cada dia é o necessário. Na perspectiva escatológica de Jesus a expressão grega *epioúsios* (traduzida por cotidiano, de cada dia) pode conhecer também outra tradução, na linha da mentalidade apocalíptica de Jesus: o pão de amanhã, do grande advento do Reino, dá-nos já hoje. Pouco importam as várias possíveis interpretações. O Pai-nosso rezado nas comunidades pós-jesuânicas, não mais apocalípticas e dentro da história que continua, significa simplesmente o pão que necessitamos dia a dia para viver e sobreviver.

4.28. Importante é reter a unidade de Pai nosso com pão nosso. Há os que se concentram no Pai nosso, cantam, dançam e se alegram em ter um Pai no céu que nos prepara um Reino, esquecendo o pão nosso, e com ele os gritos caninos dos famintos que sobem da terra ao céu. Há outros, generosos, que se empenham em criar condições para que todos tenham o pão suficiente e cotidiano, fruto de uma mudança social em que todos colaboram para que o pão seja nosso pão, e esquecem o Pai nosso; com isso não se preocupam em satisfazer a fome insaciável de um aconchego infinito que o pão não pode dar, mas só Deus. Ambos separam o que Jesus uniu. Não nos é permitido romper essa sagrada aliança. Só unindo Pai nosso com pão nosso podemos dizer com sinceridade: Amém. Não podemos perder a perspectiva essencial e unitária da mensa-

gem de Jesus: unir Reino com a história, o Pai nosso com o pão nosso, a causa divina com a causa humana. Só assim a salvação é integral e a história encontra sua direção certa.

4.29. *"Perdoai-nos as nossas dívidas"*. Há um fato inegável e cósmico: todos somos interdependentes, precisamos uns dos outros para viver e sobreviver. Daí nasce o sentimento positivo de gratidão, de reciprocidade e de dívida. Para além do esforço pessoal, devemos quase tudo o que somos e fazemos àqueles que nos são próximos, mas, mais que tudo, à graça divina que perpassa todas as coisas. Somos, pois, devedores. Essa dívida não nos humilha, apenas mostra nossa pobreza antropológica e nossa necessidade uns dos outros. Esta é uma relação inocente e natural, mas podemos fazer algo que somente nós como pessoas podemos fazer: não manter esta mutualidade, esse dar-receber-e-retribuir. Podemos romper esta lógica do dom e tirar do outro o pão necessário, em outras palavras, arrancar o pouco que tem para pagar uma dívida que por qualquer motivo tivermos feito.

4.30. É o que fazem os grandes organismos econômicos mundiais que emprestam e que cobram a dívida com juros escorchantes. As populações são sacrificadas para atender os bancos que implacavelmente cobram as dívidas, mesmo que crianças morram de fome e de doenças e toda uma sociedade

entre em grave crise de sustentabilidade. Jesus conhecia como era dura a política de cobranças das muitas dívidas que eram as taxas cobradas para o império, para o templo, para a manutenção da casta sacerdotal, para sustentar o aparato de Estado e a segurança pública. O povo gritava sob o peso das dívidas especialmente na Galileia, grande produtora de alimentos e com muitos endividados, temerosos que lhes tomassem o pouco que tinham. Na nova ordem instaurada do Reino, ao invés da dívida vai imperar a economia solidária do dom e do perdão da dívida. Estava no propósito de Jesus, ao lançar seu programa na sinagoga de Nazaré (Lc 4,18-21), que implicava a libertação dos oprimidos, também anunciar "um ano de graça do Senhor" (v. 19). Esse ano de graça do Senhor era entendido como um sinal escatológico, quer dizer, um sinal da vinda definitiva do Reino quando todas as dívidas seriam perdoadas. Haveria a reconciliação com todas as coisas. As feridas que infligimos à criação seriam completamente sanadas.

4.31. Mas há ainda um aspecto da dívida que não é material, mas moral e espiritual: aquela que sentimos diante de Deus que se revela tão bom. Somos pecadores. A consciência não deixará de nos responsabilizar e culpar. Aqui há uma dívida de consciência. Como refazer o laço de comunhão com Deus e com o outro? Jesus inventa uma fórmula de pagar esta dívida, e nisso é claro: "perdoai e sereis perdoados" (Lc 6,37).

Pecamos cada dia e muitas vezes. Sentimos que somos vulneráveis e que sozinhos não damos conta de realizar nossos sonhos e nossos ideais. Ficamos numa dívida impagável, e é então que ouvimos a palavra consoladora da remissão divina: "Se nosso coração nos acusa, maior que nosso coração é Deus" (1Jo 3,20). Pertence à mensagem de Jesus apresentar a Deus- *Abba* como Pai de infinita misericórdia que é a remissão de toda a dívida. Ele nos pede: "Sede misericordiosos como vosso Pai é misericordioso" (Lc 6,36). Se alguém experimentou a irrestrita e plena misericórdia do Pai, deve vivê-la para com aqueles que o ofenderam e que contraíram uma dívida moral para com Ele. Assim deve-se entender o "assim como nós perdoamos". Não se trata de uma negociação com Deus ou o estabelecimento de algum condicionamento prévio; trata-se, isto sim, de manter a mesma atitude para os outros que o Pai tem para conosco. Se recebemos pleno perdão de Deus, a remissão completa de nossa dívida para com Ele, devemos também dar pleno perdão e completa remissão a quem nos ofendeu. É um só movimento, aquele do amor misericordioso. Como pode receber o perdão de Deus quem não quer dar perdão aos irmãos e irmãs? O Reino de Deus implica esta mutualidade.

4.32. *"E não nos deixeis cair em tentação".* Eis uma súplica que traduz a amarga experiência existencial de que somos seres lábeis, sujeitos à tentação de trair as esperanças e as pro-

messas do Reino. Não conseguimos dar sustentabilidade aos bens do Reino que assumimos, como a solidariedade e o amor incondicional a todos. Caímos no velho esquema do mundo centrado na autoafirmação e na arrogância. Temos que lutar contra nós mesmos, arrostar renúncias, pois as forças do prazer, da vantagem pessoal e do *status* social nos atraem e nos prometem uma realização que depois descobrimos ser ilusória. É a tentação diuturna alimentada pela máquina da propaganda consumista. Se cairmos nela, aquela porção do Reino que foi conquistada se perde. O Reino não avança. Sentimo-nos aferrolhados a forças que nos mantêm reféns. A única e real desgraça do ser humano é que ele, historicamente, caiu e continua a cair na tentação. A grande recusa sempre se renova. São Tiago observa com razão: "Deus não tenta ninguém; cada um é tentado por seu próprio desejo distorcido que o alicia e o seduz" (Tg 1,13-14). Esta é a condição humana e dela não foi privado o próprio Jesus "cercado de fraqueza" (Hb 12,1) e que "foi tentado, e por isso pode ajudar os tentados" (Hb 2,18). Sentiu a força da tentação, mas resistiu, pois "dirigiu preces e súplicas entre clamores e lágrimas" (Hb 5,7). Entre tremores reza: "Pai, afasta de mim este cálice" (Mt 26,39). A tentação acompanhou Jesus a vida inteira, a ponto de louvar os discípulos por terem ficado com Ele "nas minhas tentações" (Lc 22,28). Mas chegará o momento da grande tentação, do enfrentamento final entre o Reino e o império, entre

Cristo e o grande sedutor, entre o Filho de Deus e o filho da perdição (2Ts 2,3), como é reportada nas Escrituras: "A iniquidade vai transbordar e a caridade arrefecer em muitos" (Mt 24,12). O grande "adversário que se levanta contra tudo o que é divino e sagrado e que se apresenta como se fosse Deus" (2Ts 2,4), homem da iniquidade, usará os símbolos do Cristo, fará milagres e muitos o seguirão. É neste momento derradeiro que soa o grito angustiante dos que optaram pelo Reino: "Não nos deixeis cair na tentação", na defecção e na apostasia. E então ouvirão as palavras promissoras: "Coragem, eu venci o mundo" (Jo 16,33).

4.33. *"Livrai-nos do mal"*. O mal existe e é a força poderosa do negativo na história. Ele possui a sua lógica perversa e suas seduções, pois nunca se apresenta como tal. O mal, mais que uma pessoa perversa e inimiga da vida, é um conjunto de forças malignas e movimento de ideias, uma energia histórica, difusa em todos os âmbitos da atividade humana, que coloca o bem individual acima do bem coletivo, pratica o engodo e difunde mentiras para assegurar vantagens, "aprisionando a verdade na injustiça" (Rm 1,18). Ela é capaz da tortura, de mil crueldades, até do assassinato. Pode até pôr em risco a própria existência da espécie humana e destruir as condições ecológicas da vida no planeta, como o previu o Profeta Isaías (24,3-6). Essa corrente ganha corpo em sistemas de valores

que são na verdade antivalores, em governos e em líderes que coordenam e instauram as estratégias da maldade. Esta não é sentida como maldade, mas como resposta feliz e adequada às circunstâncias, o que é melhor para a humanidade, quando apenas é melhor para eles. A maldade vira sistema cultural, econômico e político, conquista até as religiões, internaliza-se nas vidas das pessoas e as mantém reféns de seus antivalores e maus hábitos. Quando o mal não é mais percebido como mal, ao contrário, é vivido como normal e natural, ele chega ao seu paroxismo. Jesus em seu sentimento do mundo como apocalíptico captou, muito antes de Nietzsche, essa inversão de valores e a tentação que ele pode significar. Podemos abraçar o mal pensando fazer o bem. A petição do Pai-nosso "livrai-nos de todo mal" faz supor que a humanidade está fatalmente caminhando para o termo final quando tudo se joga. Nesse derradeiro trajeto irrompem todos os obstáculos, escancaram-se todos os abismos, e o perigo da defecção é iminente. O império ataca com todas as armas para atingir o coração do Reino. O sentido originário de "livrai-nos do mal" não é que o mal seja afastado, pois ele está na história, mas que, em nossa caminhada de vida, Deus nos dê forças para enfrentá-lo e sermos mais fortes e resistentes que ele. Que nos libere da iminência de cair no abismo e de trair o sonho do Reino. É neste contexto que o fiel grita: "Pai, livrai-nos do mal, protegei-nos da apostasia e não nos abandoneis nesse momento". É

um incomensurável consolo ouvir de Jesus: "Se pedirdes alguma coisa em meu nome, eu o farei" (Jo 14,14); "tomai ânimo, levantai a cabeça porque se aproxima a libertação" (Lc 21,28); "eu venci o mundo" (Jo 15,18).

4.34. *A energia do Amém.* A oração do Pai-nosso como mensagem pessoal de Jesus encerra toda a trajetória humana em seu impulso para o céu (Pai nosso) e em seu enraizamento na terra (pão nosso). Jesus capta o momento sim-bólico e dia-bólico. Não nega nenhuma dimensão do drama humano, mas infunde a esperança de que haja um fim bom para a humanidade e para toda a criação. Por isso termina com o Amém. O Amém é o radical SIM à realidade, não obstante o caos e a tribulação da desolação. Elas não triunfarão. "O Senhor Jesus aniquilará o iníquo com o sopro de sua boca" (2Ts 2,8). Essa é a grande promessa ainda por se realizar, mas que se realizará no tempo em que o Mistério determinou.

4.35. *As parábolas: metáforas do Reino.* Outra indicação da intenção originária de Jesus são as bem-aventuranças. Vamos abordá-las logo abaixo no contexto da ética de Jesus, mas além do Pai-nosso e das parábolas, são também indicações do propósito primeiro de Jesus (*ipsissima intentio Jesu*) suas 41 parábolas. Apesar de terem sido retrabalhadas teológica e literariamente pelos autores dos quatro evangelhos, seu núcleo

é jesuânico e mostra uma originalidade e um frescor que raramente encontramos no Primeiro Testamento. Apresentam-se como metáforas fortes da presença e atuação do Reino de Deus. São tomadas da crônica da época, carregadas de vitalidade e de proximidade à vida cotidiana. Seu sentido é esclarecer a natureza do Reino já presente, em processo e ainda futuro. Algumas são imemoriais, como a do filho pródigo (Lc 15,11-32), a do bom samaritano (Lc 10,25-37), a do rico epulão e do pobre Lázaro (Lc 16,1-7), a do fariseu arrogante e do humilde cobrador de impostos (Lc 18,9-14), a do joio e o trigo (Mt 13,24-30.36-43), a da grande ceia (Lc 14,16-24) e a cena do juízo final (Mt 25,31-46).

4.36. *Concluindo*: com Jesus se inaugurou um processo acelerado de aproximação e realização do Reino como total revolução e libertação do universo, da humanidade e da vida das pessoas. Mas esse Reino não é assegurado. Ele depende da adesão das pessoas que vão alargando o espaço onde o Reino se realiza no amor, no perdão, na compaixão, na sede de justiça, na fidelidade à verdade, na total confiança e na entrega ao Deus-*Abba* e na acolhida de seu Filho. Este Reino vive sob a tentação de ser frustrado, negado e, finalmente, rejeitado. Dramaticamente foi o que ocorreu. Seu Profeta anunciador foi eliminado. O sonho, entretanto, não morreu com Ele. Mas há algum sinal de que Ele poderá, um dia, triunfar total e ver-

dadeiramente? Caso contrário, o sonho que fica sonho, configura uma fantasia e uma fuga da realidade. Foi Jesus um iludido, um sonhador? Perguntamo-nos angustiados. Mas há sinais que nos amparam, nos mantêm na esperança e na aceitação de sua proposta.

5. Uma ética: amor e misericórdia ilimitados

5.1. Não são prédicas que salvam, mas práticas. Esta é a chave básica da ética de Jesus. Quais são as práticas que colocam as pessoas alinhadas ao grande sonho do Reino de Deus, aquelas que salvam? Essas práticas não sacralizam, nem prolongam nem melhoram as já existentes. Inauguram novas. Para vinho novo, novos odres; para música nova, novos ouvidos.

5.2. O primeiro que Jesus fez, em termos de ética e de comportamentos, é libertar o ser humano. Todos vivemos atrás das grades de leis, normas, prescrições, tradições, prêmios e castigos. Assim funcionam as religiões e as sociedades que, com tais instrumentos, enquadram as pessoas, mantêm-nas submissas e criam a ordem estabelecida. Jesus põe em xeque este tipo de montagem que impede o exercício da liberdade e afoga o amor como energia criativa: "ouvistes o que foi dito aos antigos, eu porém vos digo" (Mt 5,21-22). Como apocalíptico, vive uma ética da urgência. O tempo do relógio corre contra a história. Não há meio-termo: "que vossa palavra seja sim se for sim e

não se for não" (Mt 5,37). O mais importante da lei não é observar as tradições e cumprir os preceitos religiosos, mas "realizar a justiça, a misericórdia e a fidelidade" (Mt 23,23).

5.3. O essencial e o novo introduzido por Jesus é o amor incondicional. O amor ao próximo e o amor a Deus se identificam e o sentido de toda a Tradição bíblica é culminar nesta unidade (Mt 22,37-40). A proposta radical soa: "amar como eu vos tenho amado", que é um amor até o extremo (Jo 13,34). Ninguém é excluído do amor, nem os inimigos, pois Deus ama a todos, até os "ingratos e maus" (Lc 6,35).

5.4. A "lei" de Cristo, se é que se pode usar esta palavra "lei", ou, melhor, a lógica do Reino se cristaliza no amor. Esse amor é mais que um sentimento e uma paixão. É uma decisão da liberdade, é um propósito de vida no sentido de abrir-se sempre ao outro, deixá-lo ser, ouvi-lo, acolhê-lo e, se cair, estender-lhe a mão. Esse amor se testa em sua verdade se amarmos os vulneráveis, os desprezados e os invisíveis. É especialmente na nossa relação de acolhida destes condenados da Terra que Jesus pensa quando pede que amemos uns aos outros ou ao próximo. Fazer deste amor a norma da conduta moral implica cobrar do ser humano algo dificílimo e incômodo. É mais fácil viver dentro das leis e prescrições que tudo preveem e determinam. Vive-se enquadrado, mas tranquilo. Jesus veio tirar desta

inércia e despertar o ser humano desta sesta ética. Convida-o, por causa do amor, a criar a conduta adequada para cada momento; incita-o a ser atento e criativo. O Reino se instaura quando houver esta atitude amorosa e absolutamente aberta e acolhedora. Se o poder tiver algum sentido, é ser uma potência de serviço. O poder somente é ético se reforçar o poder do outro e animar relações de amor e de cooperação entre todos; caso contrário, a dominação de uns sobre os outros continua e nos enredamos nas malhas dos interesses em disputa.

5.5. Esse amor se expressa de forma radical no Sermão da Montanha. Aí Jesus faz uma clara opção pelas vítimas e por aqueles que não contam na ordem vigente. Declara bem-aventurados, quer dizer, portadores das bênçãos divinas, os pobres, primeiros herdeiros do Reino, os que choram, os mansos, os famintos e sedentos de justiça, os compassivos, os puros de coração, os pacíficos, os perseguidos por causa da justiça, os que padecem insultos e perseguições pela causa do Reino e suportam mentiras e todo tipo de mal (Mt 5,3-12). Porém a ética de Jesus alcança até as intenções mais íntimas e escondidas das pessoas: não só o que mata, mas também aquele que irrita o irmão se faz condenável (Mt 5,22); basta desejar a mulher do outro para cometer adultério em seu coração (Mt 5,28). Enfaticamente afirma: "não resistais aos maus; se alguém te esbofetear na face direita, dá-lhe também a esquerda;

se alguém brigar contigo para te tirar a roupa, deixa-lhe também o manto" (Mt 5,39-40). Foram tais ideais de Jesus que fizeram Toureau, Tolstoi, Gandhi e Dom Helder Camara proporem o caminho da não violência ativa para enfrentar a força do negativo.

5.6. Como entender este radicalismo? O importante é saber que Jesus não veio trazer uma lei mais severa nem um farisaísmo mais aperfeiçoado. Perderemos totalmente a perspectiva do Jesus histórico se interpretarmos o Sermão da Montanha e suas indicações morais no quadro da lei. Ele leva à impossibilidade de sua realização. Ou então joga o ser humano no desespero, como parece ter acontecido com Lutero. A novidade de Jesus é trazer a alviçareira notícia: o que salva não é a lei, mas o amor, e este não conhece limites. A lei sim, porque possui a função de criar ordem e garantir alguma harmonia entre as pessoas em sociedade e cercear os que a violam. Jesus não veio também abolir simplesmente "a Lei e os Profetas" (Mt 5,17). Ele veio traçar um critério: o que vem das tradições e as normas morais, se passarem pelo crivo do amor, serão acolhidos. Se impedirem e dificultarem o amor, Ele as relativiza, como fez com o sábado e como passou por cima do preceito do jejum. O que inaugura o Reino é o amor. Onde reina o poder, aí se fecham as portas e as janelas ao amor, à comunicação, à solidariedade e à misericórdia. Assim na sociedade e nas igrejas.

5.7. O ideal supremo da ética de Jesus se anuncia assim: "sede perfeitos como o Pai é perfeito" (5,48). Duas são as características da perfeição do Pai sempre enfatizadas por Jesus: um amor sem barreiras a todos e uma misericórdia ilimitada. Amor e misericórdia orientam os que querem entrar no Reino. Não basta ser bom e observante das leis como o irmão do filho pródigo que ficou em casa e era fiel em todas as coisas. Isso não basta. Temos que ser amorosos e misericordiosos. Sem a incorporação destas atitudes o Reino não avança, mesmo quando já inaugurado pela prática de Jesus. Quando o Reino se instaurar, assistiremos à grande revolução no sentido do espírito das bem-aventuranças: os pobres se sentirão cidadãos do Reino, os que choram vão se sentir consolados, os não violentos vão possuir e administrar a terra, os famintos e sedentos de justiça verão seus sonhos realizados, aqueles que se compadecerem dos outros experimentarão misericórdia, os puros de coração terão a experiência concreta de Deus, os pacíficos serão reconhecidos como filhos e filhas de Deus, os perseguidos por causa da justiça se sentirão herdeiros do Reino, e os que foram insultados e perseguidos por causa do sonho de Jesus serão especialmente bem-aventurados (cf. Mt 5,3-11). Nunca se fez tão radical inversão de valores como esta, corajosamente proposta por Jesus.

5.8. Qual o sentido último do Sermão da Montanha, cujos conteúdos acabamos de referir e que recolhem a ética fun-

damental do Jesus histórico? Não é uma nova lei nem um novo ideal ético e moral. É bem outra coisa. Trata-se de estabelecer um critério para medir o quanto estamos a caminho do Reino, perto do Reino e dentro do Reino, ou o quanto estamos distantes, desalinhados e fora dele. O Sermão da Montanha é uma convocação e um desafio para empenharmos todos os esforços, diante desta hora derradeira, para nos aproximarmos dos ideais que compõem o conteúdo do Reino. A irrupção do Reino é iminente. O meteoro rasante está na iminência de entrar na atmosfera terrestre e incendiar o planeta Terra. O caminho mais curto e seguro para aceder ao Reino de Deus e participar assim do sonho de Jesus é viver já agora o amor incondicional e a misericórida ilimitada. É o passaporte infalível para a entrada no Reino e para participar da vida da Trindade. Não há razão para temer a devastação do meteoro rasante porque ele ocasiona o surgimento de um novo mundo e de uma humanidade transfigurada.

6. Um destino: a execução do libertador

6.1. Jesus não morreu na cama doente ou de velho. Foi executado na cruz. Seu assassinato judicial é consequência de sua vida, de sua pregação, de sua prática libertária e da consciência que havia desenvolvido a respeito de sua vinculação com o Pai-*Abba* e de sua ligação com o Reino, coisa que escandalizou sobremaneira as autoridades religiosas e o colocou

sob suspeita de subversão pelos representantes do Império Romano.

6.2. Sua vida, desde o início (Mc 3,6), foi cercada de conflitos provocados pela liberdade que tomava face às opressões que a religião e as tradições impunham aos fiéis. Jesus percorre um caminho de coragem: toma partido sempre que se trata de defender o direito e a dignidade do outro, seja ele herege, pagão, estrangeiro, mal-afamado, prostituta, pecador público, criança, doente e outros socialmente marginalizados. Desmascarou a falsidade da religião legalista e farisaica. Teve que enfrentar dois processos: um religioso e outro político.

6.3. No campo *religioso* fizeram-se acusações de toda ordem. Três ressaltam: a primeira ligada à liberdade face a Torá, ao sábado e às leis de purificação, o que leva a escandalizar e subverter o povo. A segunda é a *estreita vinculação* que Jesus estabelece entre Ele e o Reino que anuncia: acolher o Reino implica aceitar seu anunciador, Jesus, pois mensagem e mensageiro se identificam. Isso era escandaloso: a que título pretende um fraco e ignoto, sem meios adequados a tão alta missão, instaurar o Reino que se acreditava ser de glória e de vitória? A terceira, a decisiva, é a de deixar entrever uma especialíssima *relação com Deus*. Chama-o de Pai-*Abba* e se apresenta simplesmente como Filho, em termos absolutos. Isso implica pura

e simplesmente invadir o espaço divino. É blasfêmia. O Evangelista João foi o que melhor expressou o motivo da condenação de Jesus "porque chamava a Deus de seu próprio Pai, fazendo-se igual a Deus" (Jo 5,16). O judaísmo, no seu estrito monoteísmo, não tinha condições de ouvir e acolher este tipo de palavra, nascida de uma nova consciência. Seria trair a essência da fé judaica e menosprezar os que, ao serem condenados, como os que iam às câmaras de gás nazistas, rezavam em alta voz o "*shema*, Israel, ouve Israel, um só é o nosso Deus". Os 71 membros do sinédrio votaram unanimemente: *Lamaweth! Lamaweth!* Isto é: "Seja condenado, seja condenado à morte".

6.4. No campo *político*, a razão principal de sua condenação foi o fato de Jesus anunciar o Reino de Deus que se opõe diretamente ao império de César. A pretensão dos césares era de serem tidos e adorados como deuses, e alguns até se autodenominavam "deus de deus", denominação que os cristãos mais tarde, no Credo, aplicarão a Jesus. Para os ouvidos do império, proclamar o Reino de Deus significava propor uma alternativa ao império de César. Isso equivalia a uma subversão política (Lc 23,2.14). Interrogado diretamente pela autoridade romana se era rei, Jesus, de forma soberana, deu inicialmente uma resposta evasiva, não assumindo ser rei. Depois o reafirma explicitamente, mas tratava-se de outro tipo de rei e de outra natureza de Reino. Bastou esta acusação de ser o procla-

mador de um Reino para condená-lo na forma costumeira da época: a crucificação. Não sem razão mandou-se colocar, como irrisão, no alto da cruz em três línguas, latina, grega e hebraica: "Jesus Nazareno, Rei dos Judeus". Para os romanos era um rei de farsa, e a coroa só poderia ser de espinhos.

6.5. Contava Jesus com a morte violenta? O que se pode derivar dos textos mais próximos de sua mentalidade apocalíptica era de que Ele se sentia tão próximo ao Deus-*Abba* que este, no derradeiro momento, iria salvá-lo. Em ambientes apocalípticos se falava da "grande tentação" pela qual passaria o Messias. Os termos técnicos usados eram "a hora" e o "beber o cálice". No relato da tentação no Getsêmani, guardam-se reminiscências desta mentalidade jesuânica. Jesus teme aquele momento decisivo no qual o anunciador do Reino e o grande opositor, representante do império, iriam decisivamente se confrontar. Jesus reza: "A minha alma está triste até a morte" (Mc 14,34). Suplica: "Pai, afasta aquela hora" (Mc 14,35). Entre súplicas e lágrimas pede: "*Abba*, Pai, tudo te é possível; afasta de mim este cálice (eis a palavra apocalíptica), mas não se faça o que eu quero, e sim o que Tu queres" (Mc 14,36). A Epístola aos Hebreus comenta, numa das versões críticas, que Deus não atendeu as suas súplicas (Hb 5,7): "embora fosse Filho de Deus, aprendeu a obediência por meio dos sofrimentos que teve" (Hb 5,8). O importante é reter esta ati-

tude fundamental de Jesus: ser fiel ao Pai-*Abba* e entender-se a partir dele e não de si mesmo. Ele iria salvá-lo, mas no momento supremo, prestes a morrer, se dá conta de que Deus não vai intervir nem o salvar. Abandona-o e entrega-o simplesmente à morte. Jesus sente o inferno deste abandono de Deus. Expira com um grito angustiado lançado ao infinito (Mc 14,37). É o último despojamento, é a completa renúncia de sua própria vontade. Entrega-se ao desígnio do Mistério, pouco importa qual seja. A ressurreição pessoal é a resposta de Deus a este despojamento e à radical fidelidade a Deus: uma vida que já não está mais sob o império da morte e que inaugura o novo. Só quem está totalmente vazio pode ser plenificado.

6.6. Proclamada a sentença capital, segue-se o procedimento de torturas que eram bárbaras e que incluíam até o abuso sexual. Jesus sofre tudo com profunda resignação, como uma ovelha que vai ao matadouro. Carrega a cruz, o instrumento de morte, sobre seus próprios ombros, ajudado pelo camponês Simão Cireneu. Nela é pregado e elevado entre dois ladrões. Além dos sofrimentos físicos e psicológicos, Jesus passa por um padecimento espiritual terrível: o sentimento da "morte" de Deus. De repente desaparece toda expectativa de intervenção do Pai-*Abba* para libertá-lo, consoante com sua crença apocalíptica. O brado que dá antes de morrer (Mc 14,37) revela o limite da decepção. Então expi-

ra. Qual será a continuidade? Morreu o sonho? Esvaziou-se com seu portador?

7. Uma antecipação: a ressurreição apenas começada

7.1. O Profeta fracassou. Saiu do mundo protestando e dando um grande brado de frustração (Mc 15,34). Já não clama pelo Pai-*Abba*. Chama-o simplesmente de Deus: *"Eloí, Eloí lemá sabachthani!"* (Meu Deus, meu Deus, por que me abandonaste?) (Mc 15,34). O Deus Mistério, sem nome, Mistério abissal, mostrou seu caráter de Mistério para si mesmo e para Jesus.

7.2. Mas Jesus se aferrou ao sonho até ao extremo, até o limite próximo da desesperança. Não sabemos o que ocorreu na interioridade abissal de Jesus. Sabemos que continuou a clamar pelo *"Meu* Deus", o que implica uma última e desesperada referência Àquele que Ele nunca abandonara e lhe fora sempre fiel. Nunca traiu a Deus nem a si mesmo nem a sua linha de ação. Continuou fiel a Deus, até para dentro do inferno existencial e da morte cruenta. Deus, ao que parece, pode ter abandonado Jesus. Jesus não abandonou Deus. Até o fim mostrou o que sempre foi: o Filho, um ser radicalmente para-os-outros, aquele que se despoja totalmente de si, até da certeza da vitória do Reino. Enfim se entrega, derrotado, Servo Sofredor e Profeta Perseguido, ao Inominável, cujo desíg-

nio lhe aparece verdadeiramente misterioso. Voltará a se referir ao Pai-*Abba*? São Lucas possivelmente traduziu sem erro a última disposição do Profeta fracassado: "*Abba*, em tuas mãos entrego o meu espírito" (Lc 23,46). Voltou a sentir-se Filho, e por isso continua a chamar a Deus de *Abba*-Pai.

7.3. E o Reino? Ele foi apenas inaugurado. Pouquíssimos aderiram. Ficou uma realidade aberta, entregue à vontade daqueles que insistem e não desistem, aqueles que acreditam que o utópico é mais verdadeiro que o factual, e que a última palavra que o universo vai escutar e deixar reboar de ponta a ponta de seu espaço será: "Tudo está consumado" (Jo 19,30), quer dizer, tudo chegará a sua culminância, tudo acabará de nascer; Deus Trindade dirá enfim: "tudo é bom". Profere tal palavra só no fim da história, não no seu começo, porque nela nem tudo "é bom", como se pode constatar a cada momento. Quando se ouvirá: "tudo é bom"? O texto do Gênesis – "tudo é bom" – é profético, apontando para o futuro aberto. Mas quando será este momento da irrupção depois do fracasso de Jesus? Sobrou uma réstea de esperança, na forma de profecia futura conservada no Apocalipse, o Livro da Consolação: "Vi um novo céu e uma nova terra [...] Deus fará morada definitiva entre os homens. Todos os povos serão povos de Deus. Ele enxugará as lágrimas de seus olhos e a morte já não existirá, nem haverá luto, nem pranto nem fadiga, porque tudo isso

passou" (Ap 21,4). Será? Será sonho imaginário ou promessa de um futuro real?

7.4. Se este sonho não possuir algum sinal antecipador, continuará sonho e será difícil distingui-lo da projeção do desejo que em nenhuma parte encontra caminhos de realização. O puro sonho, desgarrado da história, equivale à alienação e à fuga da brutalidade dos fatos. Significaria simplesmente a confirmação do absurdo da condição humana e do destino do universo.

7.5. Mas, surpreendentemente, ocorreu um sinal antecipador, captado por uma mulher, amiga íntima, Maria de Magdala (Jo 20,11-18). Ela anuncia aos apóstolos: "Jesus vive". Tal anúncio causou mais medo que alegria, mas lentamente o anúncio se impôs. Foi interpretado, primeiramente, dentro das categorias nas quais se movia Jesus, as apocalípticas, como "elevação e justificação do Servo Sofredor". Deus não havia abandonado seu Servo como parecia. Agora o reabilitou, trazendo-o à vida. Nesta altura, não se falava ainda em ressurreição. Somente mais tarde, por razões apologéticas, face aos cristãos vindos da cultura helenista, começou a se falar de "ressurreição". Para a visão grega, a volta ao corpo não é nenhum benefício; ao contrário, é antes um castigo, pois o corpo representa o cárcere (sema) da alma dentro do corpo

(soma), cuja morte significaria sua libertação. Voltar ao corpo pela ressurreição é regredir e reentrar no cárcere. Para evitar este tipo de compreensão cultural os cristãos começaram a usar a expressão "ressurreição" com um sentido novo, não simplesmente como a reanimação de um cadáver, como o de Lázaro, mas como um novo tipo de corpo – "corpo espiritual" (1Cor 15,44). Um corpo real, mas que assume as dimensões do espírito, por isso transfigurado, livre do aprisionamento do espaço e do tempo, um corpo cósmico. Desta forma surge como "o novíssimo Adão", expressão da nova criação, nas palavras de São Paulo (cf. 1Cor 15,45).

7.6. Mas o fato decisivo e o ponto alto do processo evolucionário até agora aconteceu: anunciou-se um pequeníssimo sinal de que o sonho não fracasssou totalmente. Há algo da ressurreição no mundo, uma pequena antecipação. Foi Orígenes, talvez o maior gênio teológico do cristianismo, quem expressou com exatidão o sentido desta antecipação: a ressurreição é a *autobasileia tou Theou*: é a realização do Reino de Deus somente na pessoa de Jesus. O Reino não pôde se realizar universalmente pela coletiva rejeição humana, mas se realizou incoativamente na pessoa de Jesus. É uma realização incoativa, quer dizer, apenas inicial do Reino. As pessoas não foram conquistadas pelo Reino, as sociedades não se organizaram ao redor dos bens do Reino, o universo ficou apenas leve-

mente tocado por essa inauguração inicial, mas algo está aí, na forma de semente, com todo o vigor da semente para, como numa miniatura, mostrar o fim bom do universo. O própio Jesus não acabou de ressuscitar. Ele começou em si o processo da ressurreição, vale dizer, da concretização daquilo que Reino de Deus significa. Só seu núcleo pessoal ressuscitou. Só ele. Enquanto seus irmãos e irmãs, enquanto o *Lebenswelt* não for vivificado e enquanto o universo não for transfigurado, sua ressurreição não encerrou sua plena realização. Ela representa um dinamismo aberto. Jesus continua ressuscitando no mundo, embora ainda participando da vida dos crucificados, seus irmãos e irmãs, até que, na plenitude dos tempos, acabe de ressuscitar. Ele tem ainda futuro. A ressurreição está ainda em curso, ela se mostra nos bens do Reino e da ressurreição como no amor, na solidariedade, na dignidade, da defesa dos vulneráveis e no cuidado da casa comum, a Terra.

7.7. As aparições relatadas nos evangelhos são elaborações apologéticas posteriores, cujo valor histórico é pouco seguro. O Evangelho de Marcos, o mais antigo de todos, redigido pelos anos 60 após a execução de Jesus na cruz, parece nos oferecer a verdadeira interpretação na linha que sustentamos neste texto. Ele não conhece visões e aparições do Ressuscitado, apenas reconhece que Jesus ressuscitou (16,6). Assim termina seu Evangelho, no capítulo 16, versículo 8. Os relatos

das aparições que ele narra são vistos pela crítica como um acréscimo posterior, feito no século II, resumindo o que está nos outros evangelhos. De todos os modos, o Anjo, pelas mulheres, avisa aos apóstolos que Ele se deixará ver na Galileia (Mc 16,7). Mateus guarda ainda esta memória antiga, fazendo o anjo dizer às mulheres: "Ide logo e dizei aos discípulos que Ele ressuscitou dos mortos e que vai à frente de vós para a Galileia; ali o vereis" (Mt 28,7). Isto significa concretamente que estamos sendo ainda convidados para irmos para a Galileia para lá ver o Ressuscitado. Já há mais de dois mil anos que estamos a caminho da Galileia, na expectativa de que o Ressuscitado venha a se manifestar em sua plenitude. Ainda não se manifestou, o que justifica o testemunho do Evangelista Mateus que diz, após toda as alegadas aparições: "Alguns dos discípulos continuam ainda duvidando" (Mt 28,17). Nós ainda estamos na estrada, alguns duvidando, mas outros, como nós, confiantes e empurrados pela esperança que não quer morrer, rumamos para a Galileia.

7.8. O mundo continua seu curso. Os horrores que marcam a história humana não diminuem. Em que melhoramos? Parece que não fomos redimidos e que a ressurreição não aconteceu. De fato, Jesus não mostrou ainda toda sua potência transformadora presente em seu núcleo ressuscitado, nem confirmou a vitória definitiva do Reino. Por isso, lamentavel-

mente a lógica das coisas, sempre ambígua, sim-bólica e dia-bólica, continua como se não tivesse havido redenção nenhuma, nem se dado nenhum sinal antecipador da ressurreição. Na verdade, tudo é tão incoativo, inicial, potencial e seminal que sequer deixa rastros incontestáveis na história. Isso invalida todos os discursos de magnificação de Jesus, de autoglorificação das igrejas e de triunfalismo, presente especialmente nos cânticos religiosos, como se um resgate da criação, das sociedades e das pessoas já tivesse acontecido plenamente. Ele apenas começou a acontecer. Tal discurso só tem sentido numa perspectiva de esperança e de profecia, algo que vai ainda se realizar no futuro, mas, efetivamente, nenhuma transformação visível e perceptível pelos sentidos ocorreu: a corrupção persiste, as igrejas estão mais próximas dos palácios do que do presépio, e as pessoas individualmente precisam lutar duramente contra os demônios que as habitam para que seus anjos bons possam sobreviver, ainda que nos possam aconselhar e suscitar esperança na realização do sonho de Jesus.

7.9. O Reino apenas avança; os bens do Reino ganham alguma visibilidade contra os malefícios do império da iniquidade, quando se realiza a salvaguarda da sacralidade da vida, o respeito por todo o criado, a defesa do vulnerável, a distribuição do pão ao faminto, o perdão oferecido ao perverso e na resistência contra as seduções deste mundo malvado

que persiste em negar, distorcer, mentir, oprimir, torturar, assassinar vidas inocentes e inteiras etnias e ecossistemas. Cabe sem cessar a súplica: "Venha a nós o vosso Reino". "Até quando, Senhor? Até quando devemos esperar? Quando chegaremos enfim à Galileia para contemplar a plena ressurreição?" A resposta não nos vem de nenhum lugar. Temos que crer e esperar. Paulo, pragmaticamente, afirma: "Só na esperança seremos salvos" (Rm 8,24). E para a esperança, já disse um filósofo, "o gênesis está no fim, não no começo". E como ansiamos que se manifeste!

4
Cristianismo e história

0. Jesus deixou um *opus inconclusum*, quer dizer, uma obra inacabada. Não vindo o Reino na plenitude desejada, apenas realizado em sua pessoa pela ressurreição, entraram em seu lugar o movimento de Jesus, as igrejas, o cristianismo popular e os valores cristãos que penetraram a cultura ocidental, e por fim a mundial. Esta nova fase não pode ser considerada decadência da anterior; ela é simplesmente outra coisa. Agora começa a história da influência do sonho de Jesus e de sua conservação mediante os escritos que recolheram suas palavras e sua gesta – os quatro evangelhos e os demais textos do Segundo Testamento –, e principalmente as igrejas cristãs. Inicia sua difusão lenta pelo mundo afora, seu enraizamento nos continentes e nas culturas. Esse processo participa da condição da história real sempre marcada por momentos de violência e de paz, por pactos mentirosos e por gestos heroicos. A dimensão dia-bólica e sim-bólica não poupou o cristianismo. Às vezes, a dia-bólica ganhou proporções funestas que nada tinham a ver com o legado de Jesus; outras vezes, a sim-bólica alcançou os píncaros da perfeição e mostrou a possibilidade da antecipa-

ção, mesmo que parcial, do Reino de Deus. Aí estão os santos e santas, os mártires, os místicos e a piedade de tanta gente simples que tomaram e tomam a sério a causa de Jesus.

1. A distinção entre Reino de Deus e Igreja

1.1. Tal constatação nos leva, antes de mais nada, a distinguir Reino de Deus e Igreja. Eles não se recobrem nem se identificam. Para os evangelistas Marcos, Lucas e João sequer existe o fenômeno e a palavra Igreja. Com razão, pois ela não estava nos planos de Jesus. Tudo se concentrava no Reino. Tardiamente, pelos anos 90 d.C., quando já se havia assimilado o fim trágico de Jesus e se haviam constituído comunidades cristãs, surge o Evangelho de Mateus com essa palavra "Igreja". Liga-a a Jesus e à fé de Pedro. O texto de Mt 16,17-19: "Tu és Pedro e sobre esta pedra edificarei a minha Igreja" era até o século V entendido pelas duas igrejas, a Católica e a Ortodoxa, como um elogio de Jesus diante da fé de Pedro sem referi-la à fundação da Igreja. Sobre *esta fé* se construirá a Igreja, e não sobre a *pessoa* de Pedro. Tal constatação é importante para relativizar a interpretação posterior e oficialista da Igreja Romano-católica que buscava e ainda busca sua autojustificação como a única Igreja verdadeira na sucessão do Apóstolo Pedro. O mérito de Pedro foi o de, antecipando-se aos demais apóstolos, fazer a profissão de fé em Jesus como Filho de Deus (Mt 16,18; 18,17). Sobre *esta fé*, portanto, e não sobre a *figu-*

ra de Pedro, depois desqualificada por Jesus como satanás, construir-se-á a comunidade cristã, constituída por aqueles que creem como Pedro creu. Porém, ao entender mal o conceito de Filho de Deus que não era aquele de poder e glória, mas de despojamento e humilhação, Pedro, como já acenamos, é rudemente repreendido, com a expressão mais dura que Jesus usou, chamando-o de "satanás" e de "pedra de escândalo" (Mt 16,23).

1.2. A Igreja só tem lugar porque o Reino não pôde se instalar definitivamente e porque havia uma base a sustentá-la, a fé de Pedro. O Reino é o principal, a Igreja o secundário; o Reino é o todo, a Igreja a parte; o Reino é a substância, a Igreja o seu sacramento-sinal; o Reino ficará, a Igreja desaparecerá; por isso nunca se poderá identificar Reino com Igreja. No máximo se poderá dizer que a Igreja é o sacramento-sinal-e-instrumento do Reino, bem como pode ser, lamentavelmente, o antissacramento do Reino. Seu mérito maior é o de conservar a memória sagrada de Jesus, não deixar morrer seu sonho, criar condições para antecipá-lo na história com iniciativas nascidas do amor e da compaixão. Mas pode também ser um empecilho ao Evangelho pela forma como se organiza: hierarquizada, autoritária e doutrinária. A realidade da Igreja institucional é paradoxal: santa e pecadora, ou como se chegou a dizer nos primeiros séculos: ela pode ser *casta meretrix*,

uma casta meretriz, casta quando se conforma ao Evangelho e meretriz quando o trai.

2. O cristianismo como movimento e caminho espiritual

2.1. O cristiansimo compareceu primeiramente na história como *caminho* (*odós tou Christou*) e como *movimento*. Ele é anterior a sua sedimentação nos evangelhos, nas doutrinas, nos ritos e nas igrejas. O caráter de caminho espiritual e de movimento é algo perene, sempre se manteve ao longo da história; é um tipo de cristianismo que possui seu próprio curso. Geralmente vive à margem e, às vezes, em distância crítica da instituição oficial, mas nasce e se alimenta do permanente fascínio pela figura e pela mensagem libertária e espiritual de Jesus de Nazaré. Inicialmente tido como "heresia dos nazarenos" (At 24,5) ou simplesmente "heresia" (At 28,22) no sentido de grupelho, foi lentamente ganhando autonomia até que seus seguidores fossem chamados de "cristãos", como o atesta os Atos dos Apóstolos (11,36).

2.2. O movimento de Jesus certamente é a força mais forte do cristianismo por não estar enquadrado nas instituições ou aprisionado em doutrinas e dogmas. É composto por todo tipo de gente, das mais variadas culturas e tradições espirituais, até por agnósticos e ateus que se deixam tocar profunda-

mente por sua figura corajosa, por seu espírito libertário, por sua mensagem de um profundo humanismo, por sua ética do amor incondicional, especialmente aos pobres e aos oprimidos e pela forma como assumiu o drama do destino humano, no meio de humilhações, torturas e da execução na cruz. Apresentou uma imagem de Deus tão íntima e amiga da vida, que é difícil furtar-se a ela até quem não crê em Deus. Muitos desses dizem: se existe um Deus, este deve ser aquele que tem os traços do Deus de Jesus. Todos sentem-se atraídos e próximos a seus ideais e estilo de vida. O movimento de Jesus comparece como uma forma elevada de humanismo e revela uma crença religiosa, mas também não religiosa no valor da pessoa humana, incluindo sua dimensão transcendente.

3. O cristianismo no encontro com as culturas

3.1. De movimento, o cristianismo muito cedo ganhou a forma de grupos familiares, pequenas comunidades cristãs e de igrejas institucionais com várias formas de organização. Nelas se elaboraram as muitas cristologias de exaltação de sua figura. Em derivação delas, surgiram os evangelhos que recolhiam os conteúdos da fé das respectivas comunidades. Estas possuem uma dupla-face: o *poder* e o *carisma*. Pelo poder sagrado se organiza a ordem interna e se estabelecem os critérios de pertença e de exclusão; define-se um conjunto de doutrinas como referência identitária, instituem-se normas éticas a se-

rem seguidas por todos e se criam os estilos próprios de celebrar. É a dimensão petrina da Igreja, vale dizer, manter o que Pedro significa: a tradição e o fato de sua fé constituir o fundamento perene do fenômeno cristão. Pelo carisma se flexibiliza a tradição, projetam-se visões novas, criam-se outras linguagens, apoiam-se figuras proféticas e se acolhem inovações, fruto do diálogo com o meio. É a dimensão paulina da Igreja, isto é, reconhecer o que Paulo fez, que, sem perguntar a ninguém, iniciou sua evangelização dentro do mundo grego, reinventando o cristianismo na roupagem daquela cultura e tendo a coragem de inovar para responder às situações diferentes. A Igreja é carisma e poder; ambos os elementos coexistem e possuem igual dignidade. Lamentavelmente, o poder marginalizou, senão abafou o carisma, sem jamais consegui-lo totalmente, enrijecendo a mensagem de Jesus a ponto de perder seu caráter libertário e seu fascínio. Mas é a partir do polo do carisma que deve ser entendido o polo do poder na Igreja instituição, caso contrário ele se autonomiza e tira a vitalidade e a irradiação do sonho de Jesus.

3.2. Assim, desde o início as comunidades desenvolveram rostos diferentes: umas de estilo judaico, outras marcadas pelo judaísmo da diáspora, estoutras pela cultura dominante romana e, por fim, pelo helenismo difuso em todo o império. Mais tarde, ganhou a forma da cultura germânica, hispâ-

nica e europeia em geral. Nos países colonizados e à margem do grande curso da história e da Igreja central ganhou, por força da incarnação nas culturas locais, traços africanos, asiáticos e índio-afro-latino-americanos nas Américas. Nestas igrejas vive mais da metade dos cristãos, de sorte que atualmente podemos afirmar que o cristianismo é uma religião do Terceiro e Quarto Mundos e não mais dos países centrais do Hemisfério Norte. Na Etiópia e no norte da África recebeu traços africanos, e na Ásia Menor estilos médio-orientais. Na medida em que o sonho de Jesus se encarna nestas diferentes situações, também se autolimita, mas, ao mesmo tempo, abre caminho para novas expressões, mostrando virtualidades insuspeitadas do sonho de Jesus.

4. O cristianismo e as igrejas

4.1. Aos poucos, duas grandes formações eclesiais se firmaram na história, uma no Ocidente, a Igreja Católico-romana, e outra no Oriente, a Igreja Católica Ortodoxa. Há ainda outras igrejas católicas menores, como a Melquita, a Copta e outras. Estas duas formações maiores possuem características próprias, derivadas principalmente dos estilos de vida das culturas circundantes. A Ocidental deixou-se influenciar fortemente pelo direito romano e pela burocracia palaciana imperial, por isso é mais centralizada e fortemente estruturada ao redor do poder e da figura de Cristo-Pantocrator; a Oriental

se desenvolveu de forma mais autônoma, com os diferentes patriarcados, cujo exercício do poder se assemelha aos dos sátrapas médio-orientais, mas num sentido mais espiritual que jurídico. A força da mensagem cristã é colocada nas solenes e longuíssimas celebrações litúrgicas, conferindo centralidade à eucarística e dando ênfase à figura do Cristo ressuscitado, do Espírito Santo e de Maria, cuja presença como que se encarna nos belíssimos ícones que enchem as igrejas e as casas dos fiéis. O engajamento social é diminuto, já que consideram ser dever do Estado cuidar do bom andamento da sociedade e à Igreja a cura das almas. Ambas as igrejas são consideradas os dois pulmões pelos quais respira o cristianismo. Lamentavelmente, por disputas políticas e teológicas, particularmente por causa da doutrina da procedência do Espírito Santo (*filioque*) e da reivindicação do primado jurisdicional por parte do bispo de Roma, romperam em 1054. Criou-se um cisma, mas isso não afetou a substância da fé, já que ambas assumem as doutrinas cristológicas e trinitárias dos primeiros cinco concílios ecumênicos.

4.2. No século XVI, com a Reforma Protestante, surgiram várias igrejas evangélicas, especialmente com Huss, Lutero, Zwínglio e Calvino. Todas elas pretendem anunciar um Evangelho depurado das distorções históricas e doutrinárias ocorridas no seio da Igreja Romano-católica. Depois delas, pelo mundo afora, surgiu uma pletora de denominações cristãs,

cada qual tentando assumir a totalidade do legado de Jesus e de vivê-lo nos contextos culturais mais diversos. Forte é o fenômeno das igrejas pentecostais e carismáticas, tanto evangélicas quanto católicas. Para ambas o Espírito Santo é a fonte de inspiração. Introduziram criatividade e alegria nas comunidades, antes muito centradas na cruz, e romperam o monopólio da palavra mantido pela hierarquia. Entretanto se mostram pouco sensíveis aos conflitos históricos, ao tema da justiça social e da libertação concreta dos oprimidos. Nelas vigora um excesso de "Pai nosso" em detrimento do "pão nosso", unidade querida por Jesus em seu sonho do Reino.

4.3. Entretanto, seria redutor interpretar a emergência desse pluralismo eclesial como ruptura do manto inconsútil de Cristo. Num sentido positivo, elas representam formas diferentes de dar carne histórica à herança de Jesus. O único vício que contamina grande parte destas igrejas, incluindo especialmente a Romano-católica, é a pretensão de cada uma ser melhor que a outra, quando não a única verdadeira e portadora exclusiva do sonho de Jesus. O ecumenismo visa que todas se reconheçam mutuamente para, juntas, apresentarem com mais convencimento e brilho a mensagem profundamente humana e divina de Jesus. Os quatro evangelhos servem de referência ao verdadeiro ecumenismo, pois, embora diferentes, reconhecem-se mutuamente como autênticos e dão testemu-

nho do único Evangelho vivo que é Jesus. Ou então a fé na Santíssima Trindade, na qual há a diversidade de Pessoas, todas igualmente infinitas e eternas, mas se acolhendo mutuamente no amor e na comunhão, de forma tão profunda, que são um só Deus. Por que deveria ser diferente com as igrejas? Em suas diferenças e singularidades, formam a Igreja de Jesus e a Igreja de Deus na terra. A diversidade das comunidades eclesiais encontra uma correspondência na biodiversidade da natureza.

5. O cristianismo à mercê do poder sagrado e político

5.1. Caminho singular percorreu a *Igreja Romano-católica* sobre a qual nos deteremos com certo detalhe por ser aquela na qual nos inscrevemos e por ser a mais numerosa. Para melhor entender sua atual configuração histórica, importa considerar seus dois eixos estruturadores: um político, a ideia do Império Romano, e outro teológico, a ideia da Cidade de Deus de Santo Agostinho (354-430). Do Império Romano herdou o sentido do direito, da hierarquia, da burocracia e a perspectiva imperial de conquistar todos os povos à mensagem cristã. De Santo Agostinho assumiu a ideia de que ele representa a Cidade de Deus em contraposição da cidade dos homens, onde reina o pecado e satanás. A Igreja é o pequeno mundo reconciliado não contaminado pela cidade dos

homens. Ocorre, entretanto, que esse imaginado mundo reconciliado também é perpassado pela cidade dos homens, com suas vaidades, vícios e pecados. Assim como a Igreja nunca poderá ser identificada com o Reino de Deus, da mesma forma ela nunca realizará plenamente a Cidade de Deus. Nela, as duas cidades se mesclam e tornam dramática a existência da Igreja que permanentemente precisa de conversão e de purificação.

5.2. Entretanto, por circunstâncias históricas, alheias à sua própria natureza, a Igreja institucional foi solicitada a assumir uma função de poder político dentro do Império Romano, que já se encontrava numa fase avançada de decadência. Isso teve início a partir do ano 325 com o Imperador Constantino, e oficialmente instaurada como instituição político-religiosa em 392, quando Teodósio, o Grande (†395), impôs o cristianismo como única religião oficial de Estado. Com o imperador bizantino Justiniano I (483-565) – que unira Ocidente e Oriente e reconquistara o norte da África e ainda elaborara a primeira codificação jurídica à base da fé cristã, o *Código Justiniano (529)* – o cristianismo foi feito obrigatório para todos. As demais religiões foram perseguidas, proibidas e até eliminadas. Os perseguidos de ontem passaram a perseguidores de agora. Os mártires de um lado, os cristãos, produziram mártires de outro lado, os pagãos. A partir de então a institui-

ção Igreja assumiu esse poder com todos os títulos, honrarias, pompas e hábitos palacianos que perduram até os dias de hoje no estilo de vida dos bispos, cardeais e papas. Este modo de ser, não raro, escandaliza os fiéis que vêm da leitura dos evangelhos, onde descobrem o Nazareno, pobre e humilde, próximo do povo e longe dos palácios e dos templos. É o preço que têm que pagar: perder os simples e os pobres que acabam não sendo evangelizados ou feitos mera massa, consumidora de bens simbólicos.

5.3. A categoria-chave que estrutura a Igreja romana é a *potestas sacra*, o poder sagrado. Esse poder é hierarquizado, exercido por um corpo especializado, os clérigos, tendo como cabeça o papa, portador supremo do poder sagrado. Esse poder ganhou, com o tempo, formas cada vez mais centralizadas, mostrando por vezes características totalitárias e até tirânicas. São Bernardo (†1153), por exemplo, chega a escrever ao Papa Eugênio III (†1153) que ele é "mais sucessor de Constantino do que de Pedro". Essa tendência já se anunciava antes, com o Papa Gregório VII (†1085), em 1075, especialmente em seu decreto *Dictatus Papae* (a ditadura do papa). Ele se autoproclamou senhor absoluto da Igreja e do mundo secular, submetendo a seu beneplácito reis e imperadores, pondo-os e depondo-os consoante suas conveniências. Na mesma linha de radicalização, Inocêncio III (†1216), o papa mais podero-

so da história, pois toda a Europa até a Rússia lhe era submetida pelos pactos de suserania, apresentou-se não apenas como sucessor de Pedro, mas como representante de Cristo. Em seguida, Inocêncio IV (†1254), não satisfeito, deu o último passo e se anunciou como representante de Deus, e por isso senhor universal da Terra. Munido com esse poder divino, os papas se arrogavam o direito de distribuir porções da terra a quem quisessem, como efetivamente ocorreu. Os papas, pelo Tratado de Tordesilhas, dividiram o mundo por conquistar entre Espanha e Portugal. O Papa Nicolau V (†1455), com a bula *Romanus Pontifex*, concedeu a Portugal uma metade, e Alexandre VI (†1503), com a bula *Inter Caetera*, a outra metade à Espanha. Só faltava proclamar o papa infalível, o que aconteceu em 1870 com o Concílio Vaticano I sob Pio IX. Atribuiu-se ao papa o absoluto poder: "ordinário, supremo, pleno, imediato e universal" (cânon 331), atributos, na verdade, só cabíveis a Deus. Não sem razão, alguns teólogos, súcubos dos papas, os chamassem de *deus minor in terra*, vale dizer, o deus menor na Terra.

6. O cristianismo submetido às patologias do poder

6.1. Já que o tema é o poder, é pertinente uma comparação entre as duas atitudes, a de Jesus e a da Igreja Romano-católica concernente ao poder. Elas se contrapõem. Os evangelistas apresentam o poder sob a forma de três tentações

diabólicas (Mc 1,12-13; Mt 4,1-11; Lc 4,1-13). São postas logo no início dos evangelhos, antes da pregação de Jesus, como uma espécie de advertência e um portal de entrada para que os ouvintes entendessem corretamente a intenção de Jesus. Ele é sim o Messias, mas diferente, despojado de qualquer poder e feito Servo Sofredor. Nas tentações aparecem as três formas clássicas de poder: o *profético*, das palavras eficazes que transformam pedras em pão; o *sacerdotal*, que faz uma reforma dos costumes a partir do templo; o *político*, que domina os povos e cria impérios. Jesus é confrontado com estes poderes apresentados por satanás como projetos a serem escolhidos por ele. Jesus rejeita resolutamente todos os três. Seu caminho não é o do Messias que todos esperavam, portador de todos estes poderes. Mas o do Servo Sofredor e o do Profeta Perseguido já anunciado por Isaías (53). Este é o núcleo fundamental da pregação dos evangelhos. Com a Igreja, grande instituição hierárquica, ocorreu exatamente o oposto. Confrontada também com essas três tentações, não soube resistir e sucumbiu fragorosamente em todas elas. Assumiu o poder profético da palavra, monopólio das autoridades, e o controle dos milagres; o poder sacerdotal, exercido de forma centralizada na figura do papa e distribuído ao corpo clerical com a completa exclusão dos leigos, homens e mulheres; o poder político, praticado de forma monárquica e absolutista configurada no Estado do Vaticano e na figura do papa. Isso ocor-

reu especialmente quando os papas por muito tempo detinham em suas mãos todo o poder, secular e religioso, mantendo um Estado pontifício, com sua burocracia, seu banco central privado, com exércitos e uma justiça que chegava até a condenar à morte. Em sua estrutura básica, este tipo de organização se mantém até os dias de hoje, com todas as contradições que encerra. Dificilmente escapa da crítica que Jesus fez a Pedro, que não entendeu o caminho de sofrimento de Jesus e foi acusado de ser "um escândalo" e "uma tentação (Mt 16,23). Sobre a pedra do atual Vaticano Jesus jamais construiria a sua Igreja.

6.2. Efetivamente, a história do papado revela grandes contradições. Estamos acostumados às figuras inspiradoras como Pio X, Pio XI, Pio XII, João XXIII, Paulo VI, João Paulo I e João Paulo II, todos portadores de insignes virtudes. Por outro lado, houve épocas de papas mundanos e em frontal contradição à herança de Pedro e de Jesus. O eminente Cardeal Baronius (1538-1607), historiador e bibliotecário do Vaticano, fala até na era pornocrática do papado que vai dos anos 900 até para dentro do ano 1000. Assim o Papa Sérgio (904) assassinou seus dois predecessores; o Papa João XII (955), eleito com a idade de 20 anos, adúltero, foi morto pelo marido traído, e, pior ainda, o Papa Bento IX (1033), eleito com 15 anos de idade, revelou-se como um dos mais criminosos e in-

dignos da história do papado, chegando a vender a dignidade papal por 1.000 liras de prata. O auge da decadência do papado foi alcançada com o Papa Estêvão VI (896-897), que ordenou a exumação de seu antecessor, o Papa Formoso (891-896). Seu cadáver em decomposição foi revestido dos ornanentos pontifícios e instalado sobre a cátedra papal. Os cardeais nomeados por ele tiveram que fazer o beija-mão. Um sínodo, adrede eleito, em presença do cadáver, decidiu sua degradação de papa e sua condenação. Foram-lhe retiradas as insígnias, cortaram-lhe os dedos da mão direita que serviam para a bênção. Por fim, seu cadáver foi entregue à populaça e jogado no Rio Tibre. Esta cena macabra acabou voltando-se contra Estêvão VI que foi lançado na prisão e, finalmente, estrangulado. Não obstante estas contradições nefastas, a figura do papa constitui permanente ponto de referência de unidade, de continuidade da tradição apostólica e de apelo às igrejas, de juntas constituírem o movimento de Jesus com um mínimo de organicidade, de mútua aceitação e de unidade para que o testemunho cristão ganhe credibilidade. O problema ecumênico não reside no fato do papado, mas na forma centralizada e autoritária como vem exercido, deixando pouco espaço para as diferenças legítimas, presentes nas demais igrejas cristãs.

6.3. O preço a pagar por uma instituição Igreja hierárquica que se articula sobre o poder é viver permanentemente em

disputas, conflitos, cruzadas e guerras com outros portadores de poder, ora aliando-se a eles, ora depondo-os de seu trono e excomungando-os, bem na lógica descrita por Hobbes em seu *Leviatan*: "o poder quer sempre mais poder, porque não se pode garantir o poder senão buscando mais e mais poder". Uma instituição Igreja de poder fecha as portas ao amor e perde os pobres. Aliada dos poderosos, ela se torna incapaz de evangelizar os marginalizados e os trabalhadores que formam a massa de fiéis, submissos e sem nenhuma participação nas decisões que dizem respeito à vida e à organização da Igreja. O pobre é visto com o olhar do rico, e por isso sempre carente e objeto da caridade e da assistência. O trabalhador, com o olhar do patrão e por isso sempre submisso e feito carvão no processo produtivo. Raramente se viu o pobre com o olhar do pobre para então perceber sua força histórica, capaz de ser uma alternativa à sociedade dominante, portanto, com força transformadora da história. Da mesma forma pouco se viu o trabalhador a partir do trabalhador, de seus sindicatos e de sua capacidade de impor limites à voracidade do capital, e assim ator de um outro tipo de sociedade mais igualitária e justa. Ao marginalizar estas grandes maiorias a instituição se distancia do sonho de Jesus, mundaniza-se, perde o rosto humano e se faz insensível aos problemas existenciais, mostrando-se, não raro, cruel e sem piedade face às questões ligadas à família e à sexualidade.

6.4. No conjunto da cultura, a Igreja instituição se transformou num bastião de autoritarismo, conservadorismo e machismo, cada vez mais afastada do curso do mundo com imensas dificuldades de estabelecer um diálogo franco e aberto com outras realidades que não seja ela mesma. Sua arrogância institucional de ser a exclusiva portadora e intérprete legítima da revelação, de ser a única verdadeira Igreja de Cristo, negando a todas as demais, exceto a Ortodoxa, o título de Igreja, e de apresentar-se como a portadora exclusiva dos meios de salvação a ponto de repetir a lição medieval de que "fora da Igreja não há salvação", torna-se cada vez mais inaceitável pelas pessoas de bom-senso, de espírito religioso ecumênico e com um mínimo de cultura teológica, com o risco de se transformar numa grande seita cristã ocidental. Mas há que se reconhecer que, apesar da estreiteza do quadro institucional, surgiram pastores proféticos e santos que assumiram a causa dos pobres e dos oprimidos, como ocorreu ao largo e ao longo da Igreja latino-americana. Leigos, homens e mulheres, notáveis por sua inteligência e saber, fizeram de sua fé uma força política de transformação social, sendo muitos deles vítimas da violência dos próprios irmãos de fé e dos grupos sociais, em sua grande maioria católicos, mais interessados em defender seus privilégios do que fomentar a vigência dos direitos.

6.5. Os intentos de reconversão deste tipo autoritário de Igreja hierárquica, feitos pela Reforma no século XVI e pelo Concílio Vaticano II no século XX (1962-1965), deslocando os acentos do sacro poder para o sacro serviço, da hierarquia para o Povo de Deus, do templo fechado sobre si mesmo para o templo aberto em suas portas e janelas para o diálogo com a Modernidade, com as demais igrejas e religiões, foram frustrados e esvaziados pela burocracria vaticana, legitimada pelos papas João Paulo II e Bento XVI. Eles reassumem e reforçam um modelo de Igreja com traços medievais, reintroduzindo o latim nas missas segundo o rito de Pio V do século XVI, trataram com mão de luva os cismáticos seguidores do Bispo Lefebvre, enquanto com bastonadas os aliados dos pobres, os bispos e os teólogos da libertação. Orientam-se no sentido da restauração e da volta à grande disciplina. O propósito é manifesto: fortalecer o sistema de poder sagrado, monossexual (só homens), celibatário, sacerdotal, centralizado, autoritário, hierárquico e excludente. Dificilmente esta concepção de poder e seu exercício se compaginam com a utopia de Jesus do poder como serviço (hierodulia) e jamais como hierarquia (sacro poder).

7. O cristianismo na versão popular

7.1. Ao lado da versão oficial do cristianismo encarnado na cultura letrada greco-latina-germânica-moderna surgiu des-

de o início um vigoroso cristianismo popular, especialmente nas igrejas periféricas, mas também nas igrejas centrais, como se constata na Europa em geral, mas mais claramente na Itália e na Espanha. Ele não é uma forma decadente do oficial; ao contrário, possui igual dignidade ao encarnar a mensagem de Jesus na cosmovisão popular. Mais que o *logos*, é o *pathos* que organiza os discursos. Expressa-se pela linguagem do imaginário, do coração e do afeto. Possui suas verdades e seu modo de dizer, de rezar a Deus e de viver o sonho de Jesus. Este tipo de cristianismo popular foi quase sempre menosprezado, submetendo os fiéis às doutrinas e aos ritos do corpo clerical. Sem confrontar-se e entrar em conflito direto com o modelo oficial, ele criou seu caminho próprio e desenvolveu um cristianismo da vida cotidiana, das virtudes pessoais e familiares, do seguimento de Jesus, geralmente do Crucificado no qual viam sua própria situação crucificada.

7.2. Esses anônimos, que têm em São José seu arquétipo de referência, guardaram o segredo do sonho de Jesus, feito de esperança, de muitas virtudes pessoais e familiares e de uma entrega confiante à vontade de Deus. Fora do poder não sofreram as patologias próprias dos portadores de poder que é o carreirismo, a bajulação, a dupla moral, o farisaísmo, a hipocrisia, a dureza de coração e a arrogância. Vivem um cristianismo puro e simples, os herdeiros autênticos da ética de Jesus

e de seu sonho, de um mundo onde começam os bens do Reino e se antecipam as promessas divinas. Como todas as coisas, ele contém seus limites e seus equívocos. Não raro mistura fé confiante com superstição, realiza um sincretismo nem sempre feliz e sobrenaturaliza e vê como milagres, com demasiada facilidade, fatos naturais. Mas como as doenças remetem à saúde, também aqui tais desvios remetem à substância do Evangelho de Jesus com toda sua carga de esperança e de alegria que ele irradia. O cristianismo popular é festeiro, acompanhado de santos e santas protetores, cheio de cores, danças, bebidas e comidas.

8. O cristianismo e seus reducionismos

8.1. Toda encarnação do cristianismo nas culturas significa concreção, mas também limitação e redução. Quanto do sonho de Jesus, de sua prática, de sua mensagem e de sua ética suporta o paradigma greco-romano-ocidental? Ele incorporou o cristianismo dentro de suas possibilidades, mas à custa de notáveis limitações e lamentáveis reduções. Importa libertar a experiência originária de Jesus e diminuir a arrogância institucional da Igreja Romano-católica que pretende apresentar a integralidade da herança de Jesus sem nenhum reducionismo e sem relativismo, pior ainda, condenando os reducionismos dos outros sem se dar conta do seu próprio reducionismo. Por isso, precisamos proceder a uma reflexão crítica.

A questão não é o reducionismo. Ele pertence a todo processo de encarnação; não é defeito, mas marca da história. A questão é estar cego a tal fato e apresentar-se arrogantemente como quem nada reduziu, confundindo a parte com o todo, como se o seu reducionismo real, mas inconsciente, fosse a totalidade do Evangelho e do sonho de Jesus. Elenquemos alguns desses reducionismos, pois desta forma libertaremos o cristianismo desta patologia a fim de que possa desimpedidamente implementar outros ensaios encarnatórios futuros.

8.2. O cristianismo romano-católico, ao invés de pregar o *Deus Trindade*, ficou no monoteísmo vétero-testamentário e pré-trinitário. A doutrina de um só e único Deus, dominante nas pregações e na própria reflexão teológica, se adequava e se adequa melhor à cultura do poder autoritário e do pensamento único, reinante na cultura patriarcal.

8.3. Ao invés de prolongar o *sonho de Jesus*, do Reino de Deus, anunciou a Igreja fora da qual não há salvação, não raro aliada aos poderosos e distanciada dos pobres e oprimidos.

8.4. Ao invés de pregar a *ressurreição* como o evento maior da história, um verdadeiro *tremendum* na linguagem de Pierre Teilhard de Chardin, preferiu o anúncio da imortalidade da alma, crença platônica vastamente popularizada na cultura romana, grega e ocidental até os dias de hoje.

8.5. Ao invés de apresentar o *Jesus real, histórico*, preferiu um Jesus definido em termos filosóficos e teológicos dos concílios de Niceia (325), de Constantinopla (381), de Éfeso (431) e de Calcedônia (451) como aparece no atual credo. Nele é professado como "Deus de Deus, Luz de Luz, Deus verdadeiro de Deus verdadeiro, engendrado, não criado, da mesma natureza que o Pai". E logo se diz que "se fez homem e por nossa salvação foi crucificado sob Pôncio Pilatos, padeceu e foi sepultado". Nada se diz de sua vida, mensagem, obra e por que o mataram. No fundo apenas se diz que "nasceu e morreu". Portanto, um reducionismo que esvazia totalmente a realidade humana de Jesus, aquela que realmente importa, sem perceber o altíssimo risco de esvaziar o Mistério da Encarnação.

8.6. Ao invés de reforçar a *comunidade*, na qual todos participavam de tudo, introduziu a hierarquia de pessoas e a divisão das funções, criando dois corpos nas igrejas, o corpo clerical que tudo sabe e tudo pode e o corpo laical ao qual cabe apenas ouvir e executar.

8.7. Ao invés da *comunhão dos bens*, apanágio das comunidades cristãs primitivas, atestadas pelos Atos dos Apóstolos (capítulos 2 e 4), prevaleceu o espírito individualista pelo qual cada um vive para si e cuida de salvar a sua alma.

8.8. Mas há ainda um outro tipo de reducionismo, este ainda mais profundo, que atingiu a substância da novidade trazida por Jesus. Assim, a experiência originária do cristianismo de experimentar *Deus como Trindade de Pessoas*, sempre em pericórese, comunhão de vida e de amor mútuos, não logrou impôr-se historicamente. Esta intuição fundamental e original face às demais religiões foi logo capturada por polêmicas derivadas do paradigma grego de pensamento. Este se caracteriza, com raras exceções, por uma visão substancialista, identitária e não processual da vida e da história, pouco adequada a pensar a Trindade como jogo de relações entre as três divinas Pessoas. Esta, por sua própria natureza, demanda um outro paradigma que vê a realidade em permanente processo de realização e de emergência como é próprio do Mistério – como o temos meditado anteriormente – e típico de fenômenos como a vida, a natureza e o espírito. A maioria dos pensadores cristãos, incapaz de captar a singularidade do modo cristão de dizer Deus, fez com que o discurso pastoral das igrejas se mantivesse no clássico monoteísmo pré-trinitário, comum ao judaísmo e às religiões do mundo. A Santíssima Trindade ficou sendo o símbolo do Mistério dos Mistérios e, por isso, tido como inacessível à razão humana e objeto de pura fé. Os intentos de aprofundamento, nos quadros do *logos* grego, produziram intrincadas discussões com inúmeras heresias, o que isolou mais ainda esta verdade da vida e da prática dos

cristãos. Restou sua presença na liturgia mais de forma ritual do que existencial.

8.9. Outro reducionismo diz respeito ao *eclipse da figura do Pai como Pai do Filho*. No Credo se professa que Ele é "Pai todo-poderoso, criador do céu e da terra", onisciente e juiz supremo, Senhor absoluto da vida e da morte. Ao lado de tal Pai não resta lugar para um Filho, por isso não é vivido trinitariamente como o Pai do Filho, mas como o Criador de todas as coisas. Esta religião do Pai serviu e continua servindo de justificação ideológica a todo tipo de paternalismo e autoritarismo pelos quais as pessoas são mantidas na dependência e no servilismo. Um Pai no céu, Deus; um pai na terra, o monarca ou o presidente; um pai na Igreja, o papa; um pai na comunidade, o chefe; um pai na família, o pai como a autoridade máxima. Esta continua sendo a representação dominante.

8.10. A *exaltação excessiva da figura do Filho*. O esquecimento da visão trinitária ocasionou uma concentração exacerbada da figura do Filho encarnado em Jesus Cristo. Surgiu o *cristomonismo* (predominância exclusiva de Cristo), como se Cristo fosse a única e exclusiva realidade e não houvesse junto com Ele o Pai e o Espírito Santo. Ele é visto como o único Salvador universal, um líder libertador, solitário, ornado com todos os símbolos do poder, sempre exaltado como Senhor e

Cristocrator, tendo o cetro numa das mãos, o mundo na outra e uma coroa de ouro e joias na cabeça, coisa que o Jesus histórico, possivelmente, jamais teria visto com os próprios olhos e rejeitaria, indignado, ser ornado com semelhante parafernália. A figura do Servo Sofredor e companheiro na caminhada humana, o Cristo do casal de caminhantes de Emaús, é assim poderosamente ofuscada. A exacerbação da figura do Cristo, cabeça invisível da Igreja visível, reforça as figuras autoritárias e as instituições fundadas no poder centralizador. Este tipo de cristologia reducionista criou seu oposto compensatório que é a cristologia juvenil elaborada em função dos jovens. Aí Jesus aparece como um formoso e entusiasta líder e um herói vigoroso, como que saído de alguma academia de ginástica, a ser seguido e exaltado. Mas esta imagem holywoodiana é quase sempre desvinculada dos conflitos inerentes à vida e à história. Ou então, romanticamente, emerge um Jesus da pastoral familiar, apresentado no meio de Maria e José ou como o doce Jesus de Nazaré, abençoando crianças, ou como o Bom Pastor, cercado de ovelhas em pastos verdejantes ou tristemente olhando para a cidade de Jerusalém que o rejeitou. Uma religião só do Filho se encapsula sobre si mesma como se nada mais existisse para além dela mesma. Torna-se incapaz de ver a presença do Espírito e valores do Reino em outros caminhos espirituais que não nos cristãos, e está a um passo do

exclusivismo e do fundamentalismo com referência à revelação e à salvação.

8.11. O terceiro reducionismo concerne ao *esquecimento da figura do Espírito Santo*. Tardiamente, na reflexão teológica, o Espírito Santo foi admitido como terceira Pessoa da Trindade, ficando refém das disputas teológicas entre a Ortodoxia e a Igreja latina com referência ao *filioque*, quer dizer, a relação de origem do Espírito. Ele é espirado unicamente pelo Pai, assim como o Filho é gerado (Ortodoxia), ou é espirado pelo Pai *e pelo* Filho ou *através* do Filho (o *filioque* da Igreja latina)? Esta discussão teológica que parece, no fundo, irrelevante, oculta, na verdade, disputas de poder entre os dois polos da Cristandade, o Ocidente e o Oriente, e cindiu as duas igrejas fundamentais até os dias de hoje. Tal fato produziu um deslocamento: no lugar do Espírito entraram as igrejas. Ele acabou tendo uma função lateral e secundária. Quer queiram as igrejas ou não, o Espírito é fonte de criatividade e de inovação, sopra onde quer, antecipa-se ao missionário, pois se faz presente nos povos pelo amor, pelo perdão e pela convivência solidária. As instituições, no entanto, o veem como fator de perturbação da ordem estabelecida e, por isso, marginalizado e até esquecido. Em razão desta compreensão conservadora e reducionista, os homens e mulheres do Espírito, os místicos e fundadores de novos caminhos espirituais, tiveram sempre

dificuldade de reconhecimento por parte da instituição eclesiástica que os manteve e ainda os mantém sob severa vigilância, quando não os marginaliza e até condena. Esquecem a severa advertência de Paulo: "não afogueis o Espírito" (1Ts 5,19). Uma comunidade eclesial sem a presença consciente do Espírito geralmente é dominada por autoridades eclesiásticas, ávidas de ordem e de poder, enrijecidas e burocratizadas. Por outra parte, os movimentos carismáticos, que buscam alimentar uma experiência pessoal de Deus, encontraram no Espírito Santo a sua fonte de inspiração. Daí se explica a proliferação de igrejas carismáticas populares, sejam evangélicas, sejam católicas, mas com formas muito afins de piedade e de organização. Esta expressão carismática ajudou a socializar a palavra na Igreja, reservada somente à hierarquia, abrindo espaço para a criatividade ritual e simbólica, antes negada pela rigidez canônica da liturgia oficial. Mas ela padece de clara insuficiência ao não articular os temas da injustiça, dos pobres e da transformação social com o Evangelho e com a criatividade própria do Espírito. Por isso, uma religião só do Espírito facilmente cai no sentimentalismo, no entusiasmo juvenil e na alienação face à conflitividade da vida e até no fanatismo e na anarquia espiritual.

8.12. A Cristandade não encontrou até hoje um ponto de equilíbrio quanto à *assunção das divinas Pessoas* como o verdadeiro Deus da experiência cristã. Distanciou-se de sua identidade

originária de um Deus-comunhão-amor que deveria se expressar na história, por comportamentos e iniciativas que incentivassem o caráter comunitário, a participação igualitária de todos e a compreensão do cristianismo como uma realidade sempre aberta a novas manifestações e encarnações nas mais diferentes culturas. Mas não foi o que predominou. Na Igreja Romano-católica ocorreu uma inversão hilária: aquilo que na doutrina da Trindade é verdade (a ausência de hierarquia, pois todas as Divinas Pessoas são igualmente eternas, infinitas e onipotentes) se torna heresia na Igreja (não há igualdade entre os cristãos, mas uma hierarquia só de homens, pretensamente querida por Deus, e uma diferença essencial entre clérigos e leigos).

9. O futuro do cristianismo na era da mundialização

9.1. Que futuro está reservado a este tipo de Igreja latina, ocidental e extemporânea ao nosso tempo histórico? Isso depende do futuro que terá a cultura ocidental que ela ajudou a conformar. Seguramente, o futuro da humanidade não passará pelo Ocidente que mais e mais se torna um acidente.

9.2. O cristianismo está hoje majoritariamente no Terceiro e Quarto Mundos. A despeito dos controles praticados pelas autoridades centrais do Vaticano, aqui está ocorrendo um vigoroso e novo ensaio de encarnação do cristianismo nas dife-

rentes culturas. O cristianismo como um todo só terá significado sob duas condições: se todas as igrejas se reconhecerem reciprocamente como portadoras da mensagem de Jesus, sem nenhuma delas levantar a pretensão de exclusividade e excepcionalidade, e a partir desta "pericórese" (inter-retro-relações) das igrejas, juntas, dialogarem com as religiões do mundo, acolherem-se umas às outras, como caminhos espirituais habitados e animados pelo Espírito; só assim haverá paz religiosa, que é um dos pressupostos importantes para a paz mundial. A segunda condição é de o cristianismo se desmitologizar, se desocidentalizar, se despatriarcalizar e se organizar em redes de comunidades que dialogam e se encarnam nas culturas locais, se acolhem reciprocamente e formam juntas o grande caminho espiritual cristão que se soma aos demais caminhos espirituais e religiosos da humanidade. Todos alimentarão a chama sagrada da presença do Deus Trindade no coração de cada pessoa e no universo. O cristianismo ajudará as pessoas a se re-ligarem com a natureza, com a Mãe Terra e com Deus comunhão. Então o cristianismo, humildemente, poderá se apresentar em sua singularidade como uma entre outras fontes de religação entre os seres humanos, entre os povos, com a natureza, com a Terra e com Deus, Fonte de toda vida, de todo o sentido e de todo o amor. Será por meio de seu testemunho da ressurreição iniciada em Jesus que alimentará a esperança de um grandioso fim para o universo.

10. O cristianismo e sua contribuição civilizatória

10.1. Não obstante estes reducionismos, importa reconhecer, não se impediu que esse tipo de encarnação trouxesse uma inestimável contribuição à consciência política do Ocidente e a partir dele, para todo o mundo: a dignidade inviolável da pessoa humana, por pobre e miserável que apareça; daí se derivaram os direitos universais, os ideais de igualdade, liberdade e fraternidade, e a própria ideia de democracia. Ao desdivinizar a natureza, libertou-a para que pudesse ser estudada pela ciência e transformada pela técnica, embora por sua pregação e catequese não tenha sabido infundir aquele respeito necessário para que a tecnociência, feita com consciência e com senso ético, não servisse apenas aos objetivos da acumulação e do mercado, mas à vida e à preservação de todo o criado.

10.2. O cristianismo se expressou melhor lá onde foi vivido, e continua sendo vivido como espiritualidade, quer dizer, como um caminho de busca de perfeição pelo cultivo do amor a Deus, ao próximo, especialmente, aos esquecidos e últimos, e a todas as coisas da criação. Esta espiritualidade se rege menos por doutrinas do que pela escuta do Espírito que fala pelos sinais dos tempos, pelo encontro pessoal com o Cristo ressuscitado que penetra toda a matéria e a história, e pelo seguimento de seu modo histórico de vida. Desde os primórdios, e até com velada crítica à Igreja imperial, surgiu, por todas as

partes, mas começando no Egito e na Síria, o movimento monacal, dos anacoretas, dos cenobitas e até dos estilitas. A partir do século VI com São Bento se inaugurou a vida religiosa monacal; surgiram as várias ordens e congregações, destacando-se entre todas as mendicantes com São Domingos, São Francisco e os Servos de Maria no século XII e modernamente pelos Irmãos e Irmãzinhas de Foucauld que se deixaram fascinar pela figura e mensagem evangélica de Jesus humilde e pobre. Em seu seio se viveu forte espiritualidade e se cultivaram as virtudes cristãs em grau eminente. Especialmente encarnaram os valores do Reino aquelas religiosas e religiosos que entregaram suas vidas aos pobres e oprimidos, aos deserdados deste mundo, aos abandonados nos interiores das florestas, servindo-os generosamente, não raro com risco de vida e até de serem martirizados em nome dos direitos dos pobres e da justiça maior do Reino. Ou como Madre Teresa de Calcutá que recolhia moribundos das ruas para que pudessem morrer com dignidade, cercados de pessoas e de orações.

10.3. Estas figuras exemplares tornam o cristianismo crível e testemunham que o Reino está a caminho e que seus bens podem fazer história mesmo no meio de grandes contradições. Figuras exemplares de vida espiritual são também os místicos cristãos. Nestes o Reino de Deus mostrou sua antecipação densa e eficaz. São e foram eles que mais vivenciaram o

Deus Trindade como São João da Cruz, Santa Teresa d'Ávila, o Mestre Eckhart, São Francisco de Assis, São Boaventura, São Francisco de Sales, a Beata Ângela de Foligno, Pierre Teilhard de Chardin e Thomas Merton entre tantos e tantas, a maioria anônimos, mas repletos pelo Espírito de Deus.

10.4. Se há um campo no qual o cristianismo mostrou sua beleza e profundidade insuspeitada foi no campo da celebração. Os cristãos souberam celebrar o Mistério pascal e a vida e a obra de Jesus. Criaram símbolos poderosos e músicas como o canto gregoriano, cuja beleza toca o profundo da alma, e as missas polifônicas que nos elevam aos céus e suscitam os mais sublimes sentimentos onde a Trindade Santíssima se faz presente e sua graça pode ser saboreada. Muitas festas e celebrações se enraizaram na existência cristã como os ritos da Semana Santa, o Natal, a Páscoa, Pentecostes e *Corpus Christi*, as grandes romarias de Canindé, CE, de Aparecida do Norte, SP, de Nossa Senhora de Guadalupe no México, de Lourdes na França, de Fátima em Portugal e os lugares bíblicos em Israel.

10.5. Outro campo de expressão do cristianismo, dos mais puros e belos, foi a música. Podemos dizer que nunca houve entre cristianismo e música qualquer conflito significativo. Música e experiência do sagrado, melodia e celebração da presença do Mistério possuem uma natureza afim. Como

não se impactar com a Paixão segundo São Mateus de Bach, seu *Magnificat*, suas fugas? O *Requiem* de Mozart, a obra melodiosa de Palestrina, as missas graves e solenes do Padre José Maurício do tempo do império? Os *Spirituals* da música negra norte-americana, as canções de grande beleza melódica e de conteúdo libertador das Comunidades Eclesiais de Base? A Missa Campesina da Nicarágua, as missas da Terra sem Males e dos Quilombos, do grande cantor negro Milton Nascimento e de Dom Pedro Casaldáliga, o profeta das minorias oprimidas, entre tantas outras músicas e de distintos gêneros?

10.6. Os valores do cristianismo encontraram na arte um campo fertilíssimo de expressão. Pensemos especialmente nas catedrais seculares, as majestosas igrejas, seja do Ocidente, seja do Oriente; os templos nos mais variados estilos, desde a simplicidade da arte românica, passando pelo verticalismo transcendental do gótico até a profusão de cores e estátuas do barroco e a arte moderna, leve e estilizada, dos materiais da Catedral de Brasília. A arte pictórica e plástica encontrou em Jesus e nos mistérios cristãos materiais de inspiração, produzindo obras inigualáveis pela beleza como a Capela Sistina, as estátuas da Pietà e a de Moisés de Miquelangelo e a Última Ceia e a Monalisa de Leonardo da Vinci, os Profetas de Aleijadinho, os misteriosos ícones da arte ortodoxa, especialmente russa e grega, o sincretismo indígena-latino-americano-cristão, de igrejas e da estatuária do México, do Equador, do

Peru e do Brasil, entre outros países. A escultura religiosa africana, bem como a chinesa e a japonesa, são de beleza singular e ímpar. Neste âmbito o cristianismo mostrou um poder de elevação de inegável espiritualidade. O cristianismo popular contribuiu com formas artísticas, seja nas artes plásticas, seja na arte pictórica, de grande qualidade e criatividade, com uma ingenuidade que nos remete ao paraíso terrenal antes de sua queda.

10.7. Não foi menor a incidência do cristianismo na literatura, na poesia, nos romances e na novelística. Há toda uma tradição de grandes oradores sacros, desde os mais conhecidos como Santo Agostinho, São Leão Magno, São Gregório I, até Lacordaire, Bossuet, São Leonardo de Porto Maurício e o Padre Vieira, um clássico de nossa língua. Como não mencionar a *Divina Comédia* de Dante Alighieri, onde a poesia cristã alcançou uma altura e uma beleza até hoje insuperadas? Toda a obra de Ernesto Cardenal, especialmente seu insuperável *Canto cósmico*, os muitos escritos de Alceu Amoroso Lima (Tristão de Athayde) e de Carlos Alberto Libânio Christo (Frei Betto) perpassados de mística e de refinada beleza literária, só para referir alguns nomes. Também não se pode deixar de pensar em notáveis escritores que se confrontaram com a herança cristã, como Goethe, Thomas Mann, Paul Claudel, Cervantes, Fernando Pessoa e Machado de Assis, entre tantos e tantas. O mesmo se poderia dizer de geniais cineastas das mais variadas procedências.

10.8. O cristianismo abriu espaço teórico para o projeto científico da Modernidade ao secularizar o mundo, e assim fazê-lo objeto de investigação. Houve um conflito inicial entre a cosmovisão clássica sustentada pela hierarquia romana, mas que foi superada por figuras religiosas como Copérnico e Pascal. Gênios como Newton, Francis Bacon, filósofos como Kant, Hegel, Nietzsche, Heidegger e o próprio Marx-Engels ou sociólogos e analistas como Max Weber e Gramsci, entre tantos outros que se tornariam incompreensíveis sem seu contato crítico com o cristianismo. Ressaltam políticos notáveis que fizeram da fé cristã inspiração ética e humanística como Adenauer na Alemanha, De Gaspari e Della Pira na Itália, De Gaulle na França, Kennedy nos Estados Unidos, Mariátegui no Peru, e Lula no Brasil.

10.9. Por fim, o cristianismo penetrou no mundo das imagens virtuais. Inspirou inumeráveis filmes sobre a vida de Cristo, sua paixão e seu Mistério. Outros tomaram como tema assuntos ligados ao cristianismo, como as missões, as vidas dos santos e santas, documentários sobre os lugares sagrados e sobre a arte sacra. Aqui o cristianismo ganhou uma publicidade desconhecida no passado e passou a ser um dado da consciência planetária. Somente agora ele ganhou uma catolicidade quantitativa, penetrando praticamente até os recônditos mais longínquos da Terra. A internet abriu uma universalização inimaginável da mensagem cristã, cujos efeitos são ainda indecifráveis.

10.10. O ponto mais alto do cristianismo se encontra nas figuras exemplares e arquetípicas que testemunharam em suas vidas a força transformadora e humanizadora do sonho de Jesus e de seu modo de ser: são os anunciadores do Evangelho das várias igrejas, os humildes pregadores populares nos lugares mais longínquos e inóspitos, religiosos e religiosas servindo nas favelas mais miseráveis, nos hospitais e nos leprosários; são também, do lado católico, os santos e santas, os mártires, os confessores e as virgens que atestam que a semente do Reino disseminada por Jesus não ficou estéril, mas que, caída em terra fecunda, germinou e floresceu. Os espíritos mais humanitários do Ocidente foram gestados no espaço cristão graças aos bens do Reino que nunca deixaram de fermentar na história. Brilharam na inteligência gênios como Orígenes, Santo Agostinho, Santo Ireneu, os mestres medievais como Tomás de Aquino, São Boaventura, Duns Scotus, Guilherme de Ockam; nos séculos XV e XVI Huss, Lutero, Zwínglio, Calvino, Melanchton, Bartolomeu de las Casas e, modernamente, Schleiermacher, Karl Barth, Rudolf Bultmann, Jürgen Moltmann, Karl Rahner, Dietrich Bonhöfer e, entre nós, Gustavo Gutiérrez, Juan Luiz Segundo, Hugo Assmann, Jon Sobrino e Paulo Freire. Os místicos já foram citados anteriormente, mas mais que tudo se sobre-elevam aqueles anônimos que moldaram suas vidas à luz da vida de Jesus de Nazaré, o Cristo da fé, como nossos avós, pais, parentes e tantos outros. Alguns se

transformaram em referências cristãs e até universais, como os mártires cristãos jogados às feras nas arenas romanas para diversão das massas; depois surgiram figuras como São Francisco de Assis e Santa Clara, Pedro Damião e Albert Schweitzer, ambos entregues ao cuidado dos hansenianos; São Vicente de Paulo atendendo aos caídos na estrada, John Wesley na Inglaterra atuando junto aos operários, Luther King Jr. lutando pelos direitos civis dos negros, Bartolomeu de las Casas salvando os indígenas da Mesoamérica contra a barbárie dos colonizadores europeus, o Papa João XXIII, que abriu as portas e as janelas da velha instituição Igreja ao mundo de hoje, Dom Oscar Romero, arcebispo de El Salvador, martirizado enquanto celebrava a Eucaristia, misturando seu sangue ao sangue consagrado de Cristo, alvejado por uma bala assassina; os mártires jesuítas de El Salvador, sacrificados por defenderem a dignidade dos últimos e oprimidos, Dom Helder Camara, bispo dos pobres e talvez o maior profeta do Terceiro Mundo no século XX; Madre Teresa de Calcutá, criando condições para que os moribundos das ruas pudessem morrer dignamente; a Irmã Dulce, cuidadora dos marginalizados que viviam nas palafitas de Salvador da Bahia; a Irmã Doroty Stang, assassinada por defender a Floresta Amazônica e as populações empobrecidas.

10.11. Menção especial merecem os missionários. É verdade que muitos deles foram *ad gentes* com uma mentalidade de conquista, acompanhando as potências coloniais; mas para além das teologias questionáveis que rondavam suas cabeças, lançaram-se no inferno da miséria, no coração das florestas tropicais inóspitas, nas periferias mais abjetas, sempre buscando servir à vida das pessoas e, simultaneamente, cuidando de sua adesão ao Evangelho. Muitos foram perseguidos, caluniados, maltratados, aprisionados, torturados e assassinados em razão da causa pela qual corajosamente deixaram suas pátrias, suas famílias e suas culturas de origem e entregaram suas vidas aos outros. Estes formam a multidão dos marcados pelo sangue do Cordeiro (Ap 7,13) e estão no coração de Deus e na memória perene dos cristãos e da humanidade. A lista destes testemunhos do Evangelho não tem fim. São estes que conferem credibilidade ao cristianismo, mostram que o assassinato de Cristo não foi em vão e que o sonho de um Reino de justiça, de amor, de misericórdia, de solidariedade e de paz, apesar das oposições do império do negativo, realmente continua germinando dentro da história, empurrando-a rumo ao seu desfecho feliz. Mais que ideias, mensagens, doutrinas e dogmas, são vidas que convencem e levam as pessoas a se acercarem àquela Fonte que alimenta estes cristãos seminais e a todos os que vivem no amor, na justiça e na solidariedade para com os últimos.

Conclusão
Et tunc erit finis
(tudo está consumado)

1. O que é o cristianismo? Não é o Cristo continuado. É outra realidade, mas não pode ser entendido sem o Cristo. O primeiro, Cristo, é o Mistério do Filho que se encarnou. O segundo, o cristianismo, um acontecimento histórico aberto e ainda em construção, fundado no Reino de Deus que não veio em plenitude, possibilitado pelo fracasso da cruz e pela vitória que foi a efetivação parcial deste Reino pela ressurreição de Jesus.

2. O que será dele? Ele será aquilo que lhe é concedido realizar na história, inspirado na gesta de Jesus e em articulação com a história dos povos. Mas ambos, Jesus e a história, têm algo em comum: são emergências do processo evolucionário. Cristo como a autocomunicação do Filho do Pai a um homem concreto, Jesus de Nazaré; e ao mesmo tempo também a total abertura do homem concreto, Jesus, ao Filho do Pai. Ele é o sacramento do encontro. Nele os dois movimentos

se cruzaram: a interiorização com a exteriorização, o movimento ascendente com o descendente. Neste sentido, Jesus representa a antecipação seminal do quadro derradeiro da humanidade e do universo, assumidos e interiorizados pelo Espírito Santo, pelo Filho e pelo Pai e introduzidos no Reino da Trindade; mas isso só foi possível, porque, antes, o Filho entrou e se exteriorizou no mundo pela atuação do Espírito sob a égide do Pai e fez sua a humanidade nossa.

3. Nesse sentido, restringindo-nos apenas a Jesus: Ele representa uma glória para Deus e uma honra para nós e para o inteiro universo, mas Jesus carrega também uma tragédia que representa *a crux theologorum*. Ele foi rejeitado e executado na cruz. Esse destino é consequência do que disse e do que fez, inaceitável para os padrões políticos e religiosos da época. Jesus não buscou a morte, nem ela foi desejada pelo Pai. Jesus queria a vida e esperava a realização de seu sonho, o Reino. O que o Pai queria não era a morte do Filho, pois não é cruel, mas sua fidelidade, que poderia implicar a morte violenta. No meio de lágrimas, angústias e gritos de desespero, manteve até o fim a fidelidade a si, ao sonho, aos homens e às mulheres humilhados e ofendidos e ao Pai. Embora amasse a vida, teve que entregá-la e aceitar a morte como execução judicial.

4. Nisso Ele não fracassou, pois, em nenhum momento, traiu a fidelidade. Fracassou historicamente sua proposta por-

que foi rejeitada. A resposta à sua fidelidade foi a ressurreição como a realização seminal, incoativa e inaugural de seu sonho: o Reino de Deus. Por isso o sonho continua ainda sonho, mas qualificado com esse sinal antecipador que é a ressurreição pessoal de Jesus. Como Jesus nunca está só, mas sempre ligado à sua comunidade e ao inteiro universo, sua ressurreição ainda não se completou. Jesus ressuscitado tem ainda futuro até que todos e o próprio cosmos participem de sua ressurreição e sejam também ressuscitados. Os evangelhos acenam para esta situação ao insinuar que estamos a caminho da Galileia, onde o Ressuscitado ainda vai se mostrar. A Galileia é o lugar onde tudo começou: a manifestação de Jesus e a proclamação de seu sonho: o Reino de Deus iminente. E a Galileia será também o lugar onde tudo terminará, quando finalmente se completará a manifestação do Ressuscitado junto com a culminação do processo evolucionário com plena realização da humanidade e de toda a criação.

5. Estamos ainda caminhando para a Galileia gritando e cantando: "vem, Senhor Jesus, Maranatha", como quem espera a madrugada, depois de uma longa e tormentosa noite.

6. O cristianismo também é uma emergência do universo seja na forma do fracasso na cruz (momento de caos), seja na forma do sucesso (momento de cosmos: o caos generativo) que

foi sua ressurreição incipiente. Tudo se rearranjou para que a causa de Jesus e o significado de sua gesta pudessem se perpetuar na história. O surgimento do movimento de Jesus, a escritura dos quatro evangelhos e dos demais textos do Segundo Testamento, a fundação de comunidades e de igrejas cristãs nas várias regiões culturais mostram a irradiação da figura e da mensagem de Jesus sobre a vida de milhões de pessoas, também nas artes, na música e na literatura escrita e virtual até os dias de hoje. A ação das energias crísticas de interiorização e de externalização continuam atuando na história. Tudo isso, seguramente, escapou à consciência possível do Jesus histórico, artesão e camponês. Não importa. Foi Deus que, por Ele, suscitou esta emergência em nossa história cósmica, terrenal e humana.

7. O cristianismo somente tem sentido se mantiver viva a consciência de que é uma emergência a partir da presença do Filho do Pai em nosso meio, na força do Espírito e na permanente atuação do Pai. Ele ganha relevância na medida em que não deixa arrefecer o sonho de Jesus, guarda a memória de sua *verba et facta*, de sua gesta gloriosa e trágica, tenta concretizar o sonho em bens chamados do Reino, feitos de amor, perdão, justiça, cuidado para com os pobres e total entrega ao Pai-*Abba* como quem se sente na palma de sua mão, mas principalmente se conseguir suscitar nas pessoas a consciência de que são, de fato e não metaforicamente, filhos e filhas no Filho do Pai e,

por isso, irmãs e irmãs uns dos outros. Haverá dignidade maior que esta, a de sabermo-nos membros da família divina e de sermos também Deus, por participação?

8. Sem a presença e atuação do Espírito, Jesus e a história que deslanchou, não poderiam ser pensados e compreendidos. É Ele que mantém viva a memória da vida e obra de Jesus e suscita o entusiasmo necessário pela causa do Reino. Personalizado em Maria, fará que esta mulher ganhe especial relevância na piedade dos fiéis. Ela representa o rosto feminino e materno de Deus. Esse Espírito significa a dimensão criativa e carismática da Igreja, impedindo que sucumba à rigidez das tradições, das instituições, das doutrinas e dos ritos. Fermenta a história, anima os movimentos por vida e libertação dos oprimidos, suscita todo tipo de iniciativas e de sonhos de um mundo segundo o grande sonho de Jesus. Santos e santas, mártires e testemunhos da fé e toda a vida espiritual são dons do Espírito. É Ele que garante que as muitas encarnações da mensagem de Jesus nas diferentes culturas preservem a identidade cristã e, quando perdem seu rumo, serve-lhes de bússola salvadora.

9. Junto com o Espírito e o Filho personalizados, paira a figura misteriosa do Pai que se uniu ao pai José. Ele cuida de todo o processo evolucionário para que, em penosa ascensão, imploda e exploda para dentro do Reino da Trindade. A Trin-

dade Santíssima inserida na criação garante, não obstante todos os possíveis avatares, a perenidade e a eternidade desta criação. Tudo aquilo que Deus Trindade um dia criou, amou e assumiu e interiorizou em sua própria realidade não poderá desaparecer para sempre. Ele é o "soberano amante da vida" (Sb 11,21) e de tudo o que criou e divinizou.

10. Somos de Deus e pertencemos à família de Deus. Por que temer? Os cristãos, bem ou mal, levam avante esta consciência, no meio de muitas contradições e com difíceis fidelidades e pesadas traições, mas há sempre um grupo numeroso que insiste e nunca desiste de crer e de esperar que o sonho de Jesus pode e vai se realizar. A força não se encontra na adesão às doutrinas e na fidelidade às tradições, mas na esperança contra toda esperança e na capacidade de suscitá-la nos outros. Ao chegarmos à Galileia, onde a ressurreição de Jesus se mostrará plenamente e se completará, então deixaremos de esperar.

11. Então, com a ressurreição, haverá somente o amor e a festa dos libertos, dos povos, feitos todos povos de Deus (Ap 21,2) dentro de uma criação finalmente resgatada, transfigurada pelas energias do novo céu e da nova terra, feitos o templo onde nós e o Deus Trindade habitaremos pela eternidade sem fim. Tudo será alegria e festa, festa e celebração, celebração e Reino da Trindade.

12. *Et tunc erit finis*: e então será o fim, *fim* como termo de todo o processo evolucionário rumo ao Mistério; *fim* como objetivo alcançado, depois de tormentosa e bilionária ascensão, interiorização e externalização; e *fim* como culminância de todas as coisas no Reino da Trindade.

13. Só agora cabe dizer um amém definitivo e proclamar: "e tudo é bom".

Indicação de leitura

O presente livro está embasado em pesquisa histórica, teológica e exegética nos seguintes textos do autor:

1) *O Evangelho do Cristo cósmico*. Petrópolis: Vozes, 1971/2008.

2) *Jesus Cristo libertador*. 20. ed. Petrópolis: Vozes, 2009.

3) *Paixão de Cristo, paixão do mundo*. 6. ed. Petrópolis: Vozes, 2007.

4) *A ressurreição na morte*. 10. ed. Petrópolis: Vozes, 2004.

5) *Natal*: a humanidade e a jovialidade de nosso Deus. 7. ed. Petrópolis: Vozes, 2003.

6) *Via-sacra da justiça*. 4. ed. Petrópolis: Vozes, 1978.

7) *Via-sacra da ressurreição*. Campinas: Verus, 2003.

8) *A cruz nossa de cada dia*. Campinas: Verus, 2004.

9) *A Trindade, a sociedade e a libertação*. 5. ed. Petrópolis: Vozes, 1999.

10) *A Santíssima Trindade é a melhor comunidade*. 22. ed. Petrópolis: Vozes, 2009.

11) *O rosto materno de Deus*. 10. ed. Petrópolis: Vozes, 2008.

12) *O Pai-nosso*. 12. ed. Petrópolis: Vozes, 2009.

13) *A Ave-Maria* – O feminino e o Espírito Santo. 9. ed. Petrópolis: Vozes, 2009.

14) *Igreja*: carisma e poder. Rio de Janeiro: Record, 2005.

15) *Ecologia*: grito da Terra; grito dos pobres. Rio de Janeiro: Record, 2004.

16) *Espiritualidade*: um caminho de transformação. Rio de Janeiro: Sextante, 2001.

17) *São José*: a personificação do Pai. Campinas: Verus, 2005.

18) *Opção Terra*. Rio de Janeiro: Record, 2009.

19) *Proteger a Terra, cuidar da vida*. Rio de Janeiro: Record, 2010.

20) *O cuidado necessário*. Petrópolis: Vozes, 2012.

Índice

Sumário, 7

Introdução, 9

1. Cristianismo e Mistério, 13

    1. Tudo é Mistério, 13

    2. No princípio está a comunhão, 17

    3. A Fonte originária de todo o ser, 20

    4. A grande explosão silenciosa, 22

    5. Nasce o Sol que esposa a Terra, 28

    6. O universo visto por dentro, 33

    7. O ser humano, projeto infinito, 36

    8. O advento do Mistério, 39

    9. A espiritualização de Maria pelo Espírito Santo, 42

    10. A encarnação do Filho em Jesus de Nazaré, 44

    11. A personalização do Pai em José de Nazaré, 50

    12. Deus em todas as coisas, todas as coisas em Deus, 54

2. Cristianismo e as eras da Santíssima Trindade, 59

1. A era do Espírito/Maria, 59

2. A era do Filho/Jesus, 65

3. A era do Pai/José, 73

3. Cristianismo e Jesus, 79

1. Uma experiência originária: o fim se aproxima, 79

a) Jesus no tempo cosmogênico, biogênico e histórico, 79

b) Jesus, um homem de seu tempo: um apocalíptico?, 83

c) Uma metáfora: um meteoro destruidor se aproxima, 85

d) A destruição criativa: o Reino se inaugura, 86

e) O que a visão apocalíptica trouxe de bom, 88

2. Um sonho: o Reino de Deus, 89

3. Uma prática: a libertação, 95

4. Uma mensagem: O Pai nosso e o pão nosso, 101

5. Uma ética: amor e misericórdia ilimitados, 128

6. Um destino: a execução do libertador, 133

7. Uma antecipação: a ressurreição apenas começada, 138

4. Cristianismo e história, 147

1. A distinção entre Reino de Deus e Igreja, 148

2. O cristianismo como movimento e caminho espiritual, 150

3. O cristianismo no encontro com as culturas, 151

4. O cristianismo e as igrejas, 153

5. O cristianismo à mercê do poder sagrado e político, 156

6. O cristianismo submetido às patologias do poder, 159

7. O cristianismo na versão popular, 165

8. O cristianismo e seus reducionismos, 167

9. O futuro do cristianismo na era da mundialização, 175

10. O cristianismo e sua contribuição civilizatória, 177

Conclusão – Et tunc erit finis (tudo está consumado), 187

Indicação de leitura, 195

Livros de Leonardo Boff, 201

Livros de Leonardo Boff

1 – O *Evangelho do Cristo Cósmico*. Petrópolis: Vozes, 1971 [Esgotado – Reeditado pela Record (Rio de Janeiro), 2008].

2 – *Jesus Cristo libertador*. 21. ed. Petrópolis: Vozes, 2012.

3 – *Die Kirche als Sakrament im Horizont der Welterfahrung*. Paderborn: Verlag Bonifacius-Druckerei, 1972 [Esgotado].

4 – *A nossa ressurreição na morte*. 11. ed. Petrópolis: Vozes, 2012.

5 – *Vida para além da morte*. 26. ed. Petrópolis: Vozes, 2012.

6 – *O destino do homem e do mundo*. 12. ed. Petrópolis: Vozes, 2012.

7 – *Experimentar Deus*. 2. ed. Petrópolis: Vozes, 2012 [Publicado em 1974 pela Vozes com o título *Atualidade da experiência de Deus* e em 2002 pela Verus com o título atual].

8 – *Os sacramentos da vida e a vida dos sacramentos*. 28. ed. Petrópolis: Vozes, 2012.

9 – *A vida religiosa e a Igreja no processo de libertação*. 2. ed. Petrópolis: Vozes/CNBB, 1975 [Esgotado].

10 – *Graça e experiência humana*. 7. ed. Petrópolis: Vozes, 2012.

11 – *Teologia do cativeiro e da libertação*. Lisboa: Multinova, 1976 [Reeditado pela Vozes, 1998 (6. ed.)].

12 – *Natal*: a humanidade e a jovialidade de nosso Deus. 8. ed. Petrópolis: Vozes, 2009.

13 – *Eclesiogênese* – As comunidades reinventam a Igreja. 3. ed. Petrópolis: Vozes, 1977 [Reeditado pela Record (Rio de Janeiro), 2008].

14 – *Paixão de Cristo, paixão do mundo*. 7. ed. Petrópolis: Vozes, 2012.

15 – *A fé na periferia do mundo*. 5. ed. Petrópolis: Vozes, 1991 [Esgotado].

16 – *Via-sacra da justiça*. 4. ed. Petrópolis: Vozes, 1978 [Esgotado].

17 – *O rosto materno de Deus*. 11. ed. Petrópolis: Vozes, 2012.

18 – *O Pai-nosso* – A oração da libertação integral. 13. ed. Petrópolis: Vozes, 2013.

19 – *Da libertação* – O teológico das libertações sócio-históricas. 4. ed. Petrópolis: Vozes, 1976 [Esgotado].

20 – *O caminhar da Igreja com os oprimidos*. Rio de Janeiro: Codecri, 1980 [Esgotado – Reeditado pela Vozes (Petrópolis), 1998 (2. ed.)].

21 – *A Ave-Maria* – O feminino e o Espírito Santo. 9. ed. Petrópolis: Vozes, 2009.

22 – *Libertar para a comunhão e participação*. Rio de Janeiro: CRB, 1980 [Esgotado].

23 – *Igreja*: carisma e poder. Petrópolis: Vozes, 1981 [Reedição ampliada pela Ática (Rio de Janeiro), 1994 e pela Record (Rio de Janeiro), 2005].

24 – *Crise, oportunidade de crescimento*. Petrópolis: Vozes, 2011 [Publicado em 1981 pela Vozes com o título *Vida segundo o Espírito* e em 2002 pela Verus com o título atual].

25 – *São Francisco de Assis*: ternura e vigor. 13. ed. Petrópolis: Vozes, 2012.

26 – *Via-sacra para quem quer viver.* Petrópolis: Vozes, 2012 [Publicado em 1982 pela Vozes com o título *Via-sacra da ressurreição* e em 2003 pela Verus com o título atual].

27 – *Mestre Eckhart*: a mística do ser e do não ter. Petrópolis: Vozes, 1983 [Reedição sob o título de *O livro da Divina Consolação.* Petrópolis: Vozes, 2006 (6. ed.)].

28 – *Ética e ecoespiritualidade.* Petrópolis: Vozes, 2011 [Publicado em 1984 pela Vozes com o título *Do lugar do pobre* e em 2003 pela Verus com o título atual e com o título *Novas formas da Igreja*: o futuro de um povo a caminho].

29 – *Teologia à escuta do povo.* Petrópolis: Vozes, 1984 [Esgotado].

30 – *A cruz nossa de cada dia.* Petrópolis: Vozes, 2012 [Publicado em 1984 pela Vozes com o título *Como pregar a cruz hoje numa sociedade de crucificados* e em 2004 pela Verus com o título atual].

31 – *Teologia da Libertação no debate atual.* Petrópolis: Vozes, 1985 [Esgotado].

32 – *Francisco de Assis* – homem do paraíso. 4. ed. Petrópolis: Vozes, 1999.

33 – *A Trindade, a sociedade e a libertação.* 5. ed. Petrópolis: Vozes, 2005.

34 – *E a Igreja se fez povo.* Petrópolis: Vozes, 1986 [Reedição pela Verus (Campinas), 2004, sob o título de *Ética e ecoespiritualidade* (2. ed.), e *Novas formas da Igreja*: o futuro de um povo a caminho (2. ed.)].

35 – *Como fazer Teologia da Libertação?* 10. ed. Petrópolis: Vozes, 2010.

36 – *Die befreiende Botschaft.* Friburgo: Herder, 1987.

37 – *A Santíssima Trindade é a melhor comunidade.* 12. ed. Petrópolis: Vozes, 2011.

38 – *Nova evangelização*: a perspectiva dos pobres. 4. ed. Petrópolis: Vozes, 1991 [Esgotado].

39 – *La misión del teólogo en la Iglesia*. Estella: Verbo Divino, 1991.

40 – *Seleção de textos espirituais*. Petrópolis: Vozes, 1991 [Esgotado].

41 – *Seleção de textos militantes*. Petrópolis: Vozes, 1991 [Esgotado].

42 – *Con la libertad del Evangelio*. Madri: Nueva Utopia, 1991.

43 – *América Latina*: da conquista à nova evangelização. São Paulo: Ática, 1992.

44 – *Ecologia, mundialização e espiritualidade*. 2. ed. São Paulo: Ática, 1993 [Reedição pela Record (Rio de Janeiro), 2008].

45 – *Mística e espiritualidade* (com Frei Betto). 4. ed. Rio de Janeiro: Rocco, 1994 [Reedição revista e ampliada pela Garamond (Rio de Janeiro), 2005 (6. ed.) e reedição pela Vozes (Petrópolis), 2010].

46 – *Nova era*: a emergência da consciência planetária. 2. ed. São Paulo: Ática, 1994 [Reedição pela Sextante (Rio de Janeiro), 2003, sob o título de *Civilização planetária*: desafios à sociedade e ao cristianismo].

47 – *Je m'explique*. Paris: Desclée de Brouwer, 1994.

48 – *Ecologia* – Grito da terra, grito dos pobres. 3. ed. São Paulo: Ática, 1995 [Reedição pela Sextante (Rio de Janeiro), 2004].

49 – *Princípio Terra* – A volta à Terra como pátria comum. São Paulo: Ática, 1995 [Esgotado].

50 – (org.) *Igreja*: entre norte e sul. São Paulo: Ática, 1995 [Esgotado].

51 – *A Teologia da Libertação*: balanços e perspectivas (com José Ramos Regidor e Clodovis Boff). São Paulo: Ática, 1996 [Esgotado].

52 – *Brasa sob cinzas*. 5. ed. Rio de Janeiro: Record, 1996.

53 – *A águia e a galinha*: uma metáfora da condição humana. 50. ed. Petrópolis: Vozes, 2012.

54 – *Espírito na saúde* (com Jean-Yves Leloup, Pierre Weil, Roberto Crema). 7. ed. Petrópolis: Vozes, 2007 [Coleção Unipaz].

55 – *Os terapeutas do deserto* – De Fílon de Alexandria e Francisco de Assis a Graf Dürckheim (com Jean-Yves Leloup). 16. ed. Petrópolis: Vozes, 2013 [Coleção Unipaz].

56 – *O despertar da águia*: o dia-bólico e o sim-bólico na construção da realidade. 24. ed. Petrópolis: Vozes, 2013.

57 – *Das Prinzip Mitgefühl* – Texte für eine bessere Zukunft. Friburgo: Herder, 1998.

58 – *Saber cuidar* – Ética do humano, compaixão pela terra. 19. ed. Petrópolis: Vozes, 2013.

59 – *Ética da vida*. 3. ed. Brasília: Letraviva, 1999 [Reedição pela Sextante (Rio de Janeiro), 2005, e pela Record (Rio de Janeiro), 2009].

60 – *A oração de São Francisco*: uma mensagem de paz para o mundo atual. 9. ed. Rio de Janeiro: Sextante, 1999 [Reedição pela Vozes (Petrópolis), 2012 (2. ed.)].

61 – *Depois de 500 anos*: que Brasil queremos? 3. ed. Petrópolis: Vozes, 2003 [Esgotado].

62 – *Voz do arco-íris*. 2. ed. Brasília: Letraviva, 2000 [Reedição pela Sextante (Rio de Janeiro), 2004].

63 – *Tempo de transcendência* – O ser humano como um projeto infinito. 4. ed. Rio de Janeiro: Sextante, 2000 [Reedição pela Vozes (Petrópolis), 2009].

64 – *Ethos mundial* – Consenso mínimo entre os humanos. 2. ed. Brasília: Letraviva, 2000 [Reedição pela Sextante (Rio de Janeiro), 2003 (2. ed.)].

65 – *Espiritualidade* – Um caminho de transformação. 3. ed. Rio de Janeiro: Sextante, 2001.

66 – *Princípio de compaixão e cuidado* (em colaboração com Werner Müller). 4. ed. Petrópolis: Vozes, 2009.

67 – *Globalização*: desafios socioeconômicos, éticos e educativos. 3. ed. Petrópolis: Vozes, 2002 [Esgotado].

68 – *O casamento entre o céu e a terra* – Contos dos povos indígenas do Brasil. Rio de Janeiro: Salamandra, 2001.

69 – *Fundamentalismo*: a globalização e o futuro da humanidade. Rio de Janeiro: Sextante, 2002 [Esgotado].

70 – (com Rose Marie Muraro) *Feminino e masculino*: uma nova consciência para o encontro das diferenças. 5. ed. Rio de Janeiro: Sextante, 2002 [Reedição pela Record (Rio de Janeiro), 2010].

71 – *Do iceberg à arca de Noé:* o nascimento de uma ética planetária. 2. ed. Rio de Janeiro: Garamond, 2002 [Reedição pela Mar de Ideias (Rio de Janeiro), 2010].

72 – (com Marco Antônio Miranda) *Terra América*: imagens. Rio de Janeiro: Sextante, 2003 [Esgotado].

73 – *Ética e moral*: a busca dos fundamentos. 8. ed. Petrópolis: Vozes, 2012.

74 – *O Senhor é meu Pastor*: consolo divino para o desamparo humano. 3. ed. Rio de Janeiro: Sextante, 2004 [Reedição pela Vozes (Petrópolis), 2009 (2. ed.)].

75 – *Responder florindo*. Rio de Janeiro: Garamond, 2004 [Reedição pela Mar de Ideias (Rio de Janeiro), 2012].

76 – *São José*: a personificação do Pai. 2. ed. Campinas: Verus, 2005 [Reedição pela Vozes (Petrópolis), 2012].

77 – *Virtudes para um outro mundo possível* – Vol. I: Hospitalidade: direito e dever de todos. Petrópolis: Vozes, 2005.

78 – *Virtudes para um outro mundo possível* – Vol. II: Convivência, respeito e tolerância. Petrópolis: Vozes, 2006.

79 – *Virtudes para um outro mundo possível* – Vol. III: Comer e beber juntos e viver em paz. Petrópolis: Vozes, 2006.

80 – *A força da ternura* – Pensamentos para um mundo igualitário, solidário, pleno e amoroso. 3. ed. Rio de Janeiro: Sextante, 2006.

81 – *Ovo da esperança*: o sentido da Festa da Páscoa. Rio de Janeiro: Mar de Ideias, 2007.

82 – (com Lúcia Ribeiro) *Masculino, feminino*: experiências vividas. Rio de Janeiro: Record, 2007.

83 – *Sol da esperança* – Natal: histórias, poesias e símbolos. Rio de Janeiro: Mar de Ideias, 2007.

84 – *Homem*: satã ou anjo bom. Rio de Janeiro: Record, 2008.

85 – (com José Roberto Scolforo) *Mundo eucalipto*. Rio de Janeiro: Mar de Ideias, 2008.

86 – *Opção Terra*. Rio de Janeiro: Record, 2009.

87 – *Fundamentalismo, terrorismo, religião e paz*. Petrópolis: Vozes, 2009.

88 – *Meditação da luz*. 2. ed. Petrópolis: Vozes, 2010.

89 – *Cuidar da Terra, proteger a vida*. Rio de Janeiro: Record, 2010.

90 – *Cristianismo*: o mínimo do mínimo. Petrópolis: Vozes, 2013.

91 – *El planeta Tierra*: crisis, falsas soluciones, alternativas. Madri: Nueva Utopia, 2011.

92 – (com Marie Hathaway). *O Tao da Libertação* – Explorando a ecologia da transformação. 2. ed. Petrópolis: Vozes, 2012.

93 – *Sustentabilidade*: O que é – O que não é. Petrópolis: Vozes, 2012.

94 – *Jesus Cristo Libertador*: ensaio de cristologia crítica para o nosso tempo. Petrópolis: Vozes, 2012. [Selo Vozes de Bolso].

95 – *O cuidado necessário*: na vida, na saúde, na educação, na ecologia, na ética e na espiritualidade. Petrópolis: Vozes, 2012.